단식 존엄사

단식 존엄사

의사 딸이 동행한 엄마의 죽음

비류잉畢柳鶯 지음 · 채안나 옮김

글항아리

존엄사와의 거리

　나는 재활학과 의사다. 재활 후에도 여전히 몸이 성치 않아 삶의 질이 떨어져 존엄하지 못한 나날을 보내는 환자들을 종종 만난다. 젊을 때는 크게 와닿지 않았지만 나이가 들면서 더욱 서글퍼진다. 어떤 이들은 껍데기만 남은 채 살아 있다. 돌보는 사람의 고생을 이루 다 말할 수 없어 나는 자식들에게 나중에 이렇게 '질질 끌지' 말아달라고 부탁하곤 한다. 진료를 보다가 이런 일도 있었다. 고개를 푹 숙이고 휠체어에 비스듬히 앉은 어떤 환자가 왔다. 시선은 아래로 향하고 끝내 한마디도 하지 않았다. 어쩔 수 없다는 듯, 자신과 상관없는 일이라는 듯. 나는 가족들에게 환자의 염증이 심하지 않고 자발호흡이 가능하니 기관 튜브를 제거해도 될 것 같다고 했다. 환자의 아들은 그 자리에서 '만약 가래로 막히면 더 위험하지 않느냐'며 거절했다. 나는 설명했다.

　"기관삽관을 유지하는 게 얼마나 불편하고 힘든데요. 아버님이 이렇게 고생하시는데 무슨 일이 생길까봐 너무 걱정하지 않으셔도 됩니다. 고통에서 벗어나는 길 중 하나예요."

가족은 곧바로 몸을 돌려 아버지를 보며 말했다.

"어떻게 그래요! 우리가 아버지를 얼마나 사랑하는데!"

환자는 고개를 들어 간절한 눈빛으로 나를 바라봤다. '드디어 누가 나를 알아주는구나' 하는 표정은 지금까지도 잊을 수 없다. 가족은 한숨을 푹 쉬었다.

"오늘 아침에 아버지가 벽에 머리를 쿵쿵 박았어요. 너무 괴로워서 일찍 떠나고 싶어하시는 것 같더라고요."

이 일은 결국 흐지부지됐다.

우리 어머니는 64세에 두 다리를 한데 모으고 서지 못하고, 몸의 쏠림 현상이 생겨 진행성 소뇌실조증 진단을 받았다. 이런 병에 걸리면 동작 간의 조화를 통제해주는 소뇌의 기능을 점차 상실해 말기에는 반신불수가 되어 침대에 누워 생활하게 되고, 구음장애가 생기며, 음식물 섭취가 힘들어진다. 말기에 떠날 수 있도록 도와달라고 했던 어머니의 말을 나는 줄곧 마음에 두고 있었다.

어머니는 요가를 잘했다. 집에서 열정적으로 재활하다가 83세에 몸을 뒤집지 못하고, 음식을 먹을 때 쉽게 사레들리고, 혼자서는 일상생활을 전혀 할 수 없을 정도로 증상이 악화됐다. 삶의 의미를 잃고 매일 온갖 불편함과 고통을 견뎌야 하니 병세가 급격히 악화되어 단식을 통한 자주적인 존엄사를 결정했다.

3주 동안 점진적으로 단식을 실행했고, 가족이 지켜보는 가운데 평온히 눈을 감으셨다. 나는 안절부절못하면서 어머니를 돌보고 함께해드렸다. 하늘이 도운 덕분에 모두 순탄했다. 어머니는 육신의 속박으로부터 벗어나 극락왕생하셨다.

어머니가 돌아가신 후 나는 일련의 과정을 블로그에 기록했는데 예상을 뛰어넘는 반향을 불러일으켰다. 사람들이 안락사 문제에 몹시 관심 있는 듯했다. 하지만 타이완에서 일반 대중은 죽음을 터부시하며, 안락사는 아직 합법이 아니다. 우리와 존엄사의 거리는 여전히 아득하기만 하다.

1. 80퍼센트는 병원에서 온갖 고초를 겪다가 사망한다.

21세기 의학이 각 분야에서 장족의 발전을 이루며 질환 치료율이 대폭 상승하고 인간의 수명도 크게 연장됐다. 그러나 침입성 치료로 인한 고통도 늘었다. 중증 질환을 치료하고도 삶의 질이 낮아진 경우가 숱하다. 반세기 전에는 대부분 집에서 임종했지만 현재는 80퍼센트가 요양 기관에서 사망한다. 임종자에게 병원은 낯설고 가족과 작별 인사를 하기에 적당치 않은 장소다. 하물며 어떤 환자는 특수병동에 입원해 짧은 면회 시간만 주어지는데 몸에 각종 튜브를 꽂고 있어 말하기도 힘들다. 많은 환자는 말기에 집으로 돌아가고 싶어하지만 의사가 허락하지 않거나 말기 돌봄을 걱정하는 가족 때문에 고통스럽고 한스럽게 차디찬 병원에서 세상을 떠난다. 심지어 수많은 사람이 임종 때 삽관, 심장충격기, 심폐소생술CPR과 같은 응급 처치를 받는다. 이러한 '의료사死' 과정은 임종을 앞둔 환자를 고통스럽게 하고 남겨진 사람을 아프게 한다.

2. 사망 전 건강하지 않은 상태로 보내는 여명이 8년에 달한다.

내정부 통계에 따르면 2020년 전국 평균 수명은 81.3세이고 남성은 평균 78.1세, 여성은 평균 84.7세다. 그런데 사망 전 건강하지 않은 상태(와상 상태, 타인의 돌봄이 필요한 상태)로 보내는 여명이 8.47년에 달한다. 급사 사례를 제외하면 와상 기간이 수십 년에 달하는 사람도 있다. 고등학생 때 교통사고로 머리를 다쳐 식물인간이 된 왕샤오민王曉民은 와상 47년 만에 임종했다. 우리 시아버지와 시숙부님 두 형제는 치매로 인해 누워서 12년을 보낸 후 돌아가셨다. 나는 임신했을 때 안정을 취하느라 집에 누워서만 지낸 적이 있다. 라디오를 듣거나 책을 읽으며 나름대로 자유롭게 움직이면서 석 달을 보냈다. 그러나 짧은 기간이었음에도 하루가 일 년 같고 머리는 멍했다. 반신불수로 오랫동안 와상생활을 하는 당사자가 의사 표현을 할 수 있다면 "이제 그만 저를 보내주세요!"라고 말할 게 분명하다. 간병하던 사람은 가족이 고통받는 모습을 봤으니 다음 대에 똑같이 넘겨주고 싶을 리 없다. 나는 나중에 이렇게 안 사느니만 못한 삶을 살고 싶지 않다. 무

8

엇 때문에 국민 수십만 명은 이런 무의미하고 존엄하지 못한 삶을 살아가는 것일까? 곰곰이 생각해볼 만한 문제다! 서양 선진국과 비교하면 일본은 타이완과 비슷한 실정이다. 마쓰바라 준코는 『장수 지옥』*이라는 책에 이 현상을 담았다.

3. 사람들은 죽음 이야기를 기피하고, 삶과 죽음이라는 큰일에 대해 미리 의논하거나 당부하지 않는다.

죽음 이야기를 기피하는 일은 인류의 공통된 맹점인 듯하다. 아시아인은 더 심하다. 이미 나이가 든 사람들도 언제든지 죽을 수 있다는 주제를 부모와 터놓고 말하지 못한다. 화교 중에 자손을 생각하는 마음에 본인의 사후 처리 당부는 하면서, 큰 부상을 입었을 때나 생애 말기에 어떻게 하고 싶은지에 대해 말하는 어른은 많지 않다. 세상은 수시로 변하고 사고는 갑작스레 발생하기 마련인데 당사자가 의사 표현을 할 수 없게 되면 당황한 가족은 의견이 분분해진다. 소송을 당할까 두려운 의료기관은 환자를 최대한 살리는 것을 원칙으로 삼기 때문에 장기적으로 와상생활을 해야 하는 상황이 되고 가족들은 나중에야 후회하곤

---

* 마쓰바라 준코, 『장수 지옥』, 신찬 옮김, 동아엠앤비, 2019. 이 책에 인용된 도표는 1951년부터 2009년까지 일본인 사망 장소의 변화 추세를 보여준다. 병원에서 사망하는 인구는 10퍼센트에서 80퍼센트로 증가했다. 2000년 통계에 의하면 재택 사망자는 고작 2.8퍼센트에 불과해, 24.2퍼센트인 프랑스, 31퍼센트인 네덜란드보다 훨씬 더 낮았다.

한다. 이런 적도 있다. 방사선과 교수가 세미나 중에 우리 재활학과에 입원한 환자의 뇌 CT를 보고 상황이 안 좋다며 탄식했다.

"CT를 보니 나을 기미가 전혀 없네요. 이 환자의 부인은 나이도 젊은데 생과부로 지내야겠군요!"

가족이 살리지 않으면 절대 안 된다고 한 건지, 외과 의사가 반드시 노력해보고 싶었던 건지 모르겠다. 평소 죽음에 대해 가족끼리 자주 얘기하고, 의사는 치료 예후를 상세히 설명해주는 것이 관건이다!*

4. 당사자가 존엄하지 못한 삶을 이어가고 싶지 않다고 했더라도 가족이 꼭 그 바람대로 하지는 않는다.

자신이 위독해지면 중환자실에 보내지 말고, 어떤 튜브나 의료기기로 연명치료를 하지도 말라고, 차디찬 중환자실에서 생을 마감하는 것은 더 싫다는 의사를 살아 있을 때 분명히 밝혀두는 사람도 많다. 이들은 인투베이션, 심장충격기, 비위관, 도뇨관 같은 것을 모조리 거부한다. 그러나 부정할 수 없는 현실에 부딪혔

---

* 아툴 가완디, 『어떻게 죽을 것인가』, 김희정 옮김, 부키, 2022. 이 책에서 미국 외과 의사인 저자는 이런 언급을 한다. 1945년 이전에 미국인 대부분은 집에서 사망했으나 1980년대에 이르러 17퍼센트만 급사하거나 병원에 수송하기 늦어 집에서 사망했다. 모든 산업세계에서는 이처럼 노화와 사망이 병원과 양로원을 벗어나지 못한다. 그나마 미국에서 1990년대에 완화의료가 발전한 이래로 집에서 사망하는 사례가 늘고 있다.

단식 존엄사

을지라도 여전히 그를 깊이 사랑하는 가족은 다르게 해석하고 다른 선택을 하기도 한다. 병원에서는 환자가 연명치료를 거부했음에도 가족들이 다른 의견을 내비치는 바람에 의사가 어쩔 수 없이 무의미한 의료를 하는 경우가 있다. 보험금이나 퇴직 연금 때문에 어르신의 생명유지장치 제거를 거부하며 무의미한 연명의료를 이어나가는 사람도 있다는 서글픈 이야기를 듣기도 했다.

5. 안락사를 위해 원정 가는 일은 비인간적이다.

췌장암에 걸린 푸다런傅達仁* 선생은 담낭을 절제하고 위도 절반이나 절제한 탓에 소화 능력이 떨어져 무엇을 먹어도 고통스러웠다. 푸 선생은 총통에게 안락사법이 통과되기를 간절히 바란다는 공개편지를 보냈다. 총통부에서는 호스피스 도움을 받도록 해줬다. 하지만 완화의료를 받았음에도 고통은 좀처럼 가시지 않았다. 사람은 신이 아니기에 의료에 한계가 있다는 것은 누구나 짐작할 수 있다. 나는 푸 선생에게 며칠만 단식을 하면 스스로 안락사할 수 있다고 말해주고 싶었다. 하지만 미디어에 나온 푸 선생은 정신이 또렷해 보였다. 사명감을 갖고 사회의 관심을 불러 일으켜 안락사를 공론화하려는 듯했다. 법치, 민주, 인권을 중시하는 선진국에 이러한 정책이 있다는 것을 부각시켜 우리 나라

---

* 타이완의 유명 MC로 스위스에서 조력 존엄사로 생을 마감했다. — 옮긴이

도 신중히 관련 법률을 입법해 국민을 위해줬으면 하는 목적이 아니었을까. 그 후 푸 선생은 먼 스위스로 건너가 평가를 받고 안락사했다. 경비가 만만치 않아도 어쩔 수 없는 선택이었다.

6. 장기 간병으로 심신이 지친 나머지 가족을 살해하고 양심과 법의 제재를 받는 상황은 인간 지옥이다.

윈린현 더우류시에서 2021년 8월 반인륜적인 비극이 일어났다. 교통사고로 인해 오랜 병을 앓던 장張 씨는 세상에 적대심이 생긴 나머지 극단적 선택을 여러 번 했지만 실패했다. 그러자 아버지에게 조력자살을 부탁하고 유서를 남겼다. 장 씨의 아버지는 아들의 간곡한 부탁에 아들을 칼로 찔러 살해한 뒤 경찰에 자수했다. 윈린지방법원은 자살방조죄로 장 씨 아버지에게 징역 1년 6개월, 집행유예 3년, 집행유예 기간에 보호관찰을 선고했다. 전에도 어떤 남편이 장기 와상 환자인 아내를 살해한 비극이 있었다. 이런 사건은 자주 일어난다. 간병을 하는 사람과 간병을 받는 사람에게는 살든 죽든 인간 지옥이 따로 없다. 이런 상황은 점차 늘고 있어 이미 심각한 사회 문제다.

7. 의사는 사망을 의료 실패로 여겨 무의미한 의료*가 이뤄진다.

의료가 아무리 발전했어도 한계는 있기 마련이다. 고통스럽지만 치료 효과가 없는 질환에 대해서 우리에게는 치료를 포기할 권리가 있다. 현실 세계에 있는 수많은 환자, 심지어 의료인조차 의사의 설명을 제대로 이해할 확률은 50퍼센트 이하다. 그래도 한번 부딪혀보고 싶어한다. 결국 병원에 입원해 치료를 시작하면 사망해서야 퇴원한다. 가족들은 함께하는 시간이 줄어들고 작별 인사도 제대로 하지 못한다. 몸이 불편해 검사를 받았는데 이미 췌장암 말기였던 친구가 있다. 그 친구는 예후가 좋지 않다는 의사의 설명을 듣고 치료를 받지 않기로 했다. 집에서 요양하던 몇 달 내내 힘이 조금 없을 뿐 크게 불편하지 않아 진통제도 필요 없었다. 세상을 떠나기 사흘 전에는 소파에 기댄 채 나와 두 시간 동안 이야기하기도 했다. 떠나기 하루 전에는 의식이 뚜렷하지 않고 음식을 못 먹더니 다음 날 평온히 눈을 감았다. 이것이 의료의 개입이 없는 전통적인 자연사다. 그다지 고통스럽지 않다. 현재 중환자실에서 20퍼센트에 이르는 자원이 무의미한 의료에 사용되어 건강보험 부담을 높이고 다른 환자들이 응급처치 받을 기회를 간접적으로 박탈하고 있다.

---

* 무의미한 의료는 영어로 'medical futility'라고 한다. futility의 어원은 라틴어 'futilis'인데 '쉽게 새다'라는 의미다. 물이 쉽게 새는 용기에 아무리 반복적으로 물을 채워도 소용이 없다는 의미다. 환자에게 아무런 도움이 되지 않고, 임종까지의 기간만 연장하는 모든 처치는 무의미하다. 중환자실 의료의 성과를 판단할 때 자주 사용한다. 인류 평균 수명이 늘어남에 따라 중환자실에서 행하는 무의미한 의료 비중이 갈수록 커지고 있다.

8. 삶의 의미를 잃고 고통만 남았을 때, 자주적 존엄사의 권리는 엄격한 법률의 제한을 받는다.

현대 사회에서 벌어지는 많은 불의의 사고와 각종 질환 그리고 의료적 개입은 사람들로 하여금 의식을 잃고, 반신불수가 되고, 생명유지장치에 기댄 채 살아가도록 만든다. 삶에 고통만 남은 채 아무 즐거움 없이 가족과 사회에 무거운 부담만 줄 때, 우리에게 자주적으로 존엄사할 권리가 있을까? 어떤 이들은 개인적인 신념 때문에 반대한다. 하지만 다른 사람의 자주적 권리까지 제한할 자격이 있는가? 얼마 전 통과된 '환자 자주 권리법'은 어떠한 상황이 됐을 때 환자는 치료 거부, 응급 처치 거부, 자주적 존엄사를 선택할 자격이 있음을 규범화했다. 그러나 20세 이상의 온전한 행위능력이 있는 일부 질환 환자만을 대상으로 했다. 정부가 정한 범위는 합당한가? 빈틈없이 고려되었는가? 사람들에게는 왜 스스로 선택할 완전한 자유가 없는가?

위와 같은 이유를 바탕으로, 어머니를 모시고 행한 자주적 단식 존엄사 경험을 공유함으로써 국민이 평소에 가족과 존엄사 문제에 대한 의견을 나누도록 환기하고자 했다. 국민의 90퍼센트가 안락사에 찬성한다는 민간 조사도 있었다. 정부가 하루빨리 완벽한 대책을 강구해 '존엄사법'이 통과되도록 국민 여러분이 열정적으로 독려했으면 좋겠다. 죽음은 삶의 일부이며 태어나는 것이 자연스러운 일인 것처럼 죽음 또한 자연스러운 일이다. 고통 없이, 존엄하게 자연사하는 것이야말로 인류의 궁극적인 행복이다.

이 책에서는 크게 네 가지 주제를 다룬다. 첫째, 소뇌실조증이라는 유전 질환이 가족과 개인에게 미치는 영향, 유전자 스크리닝과 열정적인 재활 과정을 소개한다. 둘째, 질환 말기에 삶의 의미를 잃고 단식 존엄사를 결정하게 되는 과정과 생애 말기 돌봄을 담았다. 셋째, 죽음의 공포, 존엄사를 원하지만 실행하기 어려운 처지, 존엄사법의 발전 및 사망자 주권의 변증을 탐구했다. 처음부터 끝까지 가족 이야기를 담았으며 5대의 사랑과 감정적 갈등을 보여준다.

그리고 우리 착한 어머니의 의지, 용감함, 지혜로움을 기록하기 위해 집필했다. 하늘에 계신 어머니의 영혼이 평안을 얻었으리라 믿어 의심치 않는다. 감동적인 어머니의 이야기는 많은 사람의 귀감이 되었으니 어머니의 정신은 영원하리라.

차례

죽음에 대한 사고, 죽음 마주하기

죽음은 삶의 일부이며 죽음에 대한 사고는 삶을 생각하는 일이다.

사람은 태어나면서부터 한 걸음 한 걸음 죽음이라는 종착점을 향해 나아간다. 누구나 언젠가 죽기 마련이지만 대개는 죽음에 대해 자주 사색하지 않는다. 아마 죽음의 공포로부터 벗어나기 위한 일종의 자기 보호 효과가 아닐까.

내가 처음 죽음을 접한 것은 열 살 때인 음력 7월 중순이었다. 이란 리쩌에 있는 둥산 물가에서 한 아이가 물놀이를 하다가 물에 빠졌다. 나는 동생들과 함께 구경하는 사람들 무리에 섞여 있었다. 그의 부모님이 도착했을 때 그 아이는 갑자기 코피를 흘렸다. 불의의 사고로 사망한 이가 가족을 보면 일곱 개의 구멍에서 피가 난다는 전설이 있다. 그 오래된 전설을 직접 목도하니 평생 잊히지 않았다. 이는 사람이 죽은 후에도 영혼이 계속 존재한다는 뜻일까? 둥산강에서는 매년 익사 사고가 발생하는데 보통

7월 중순, 8월 중순, 설날 전과 같은 특수한 날이다. 익사한 원혼은 자기 자리를 대체할 또 다른 영혼을 찾는다는 말이 있다. 만약 이게 진짜라면 죽은 후에도 영혼이 있다는 말인가? 내가 열두 살이던 해, 마찬가지로 음력 7월 저녁에 아버지는 자전거를 타고 다리를 건너다가 다리가 공사 중인 것을 보지 못하고 자전거와 함께 물에 빠졌는데 천만다행으로 구조됐다. 하지만 이튿날 수영을 아주 잘하던 어떤 사람이 익사하고 말았다. 우리 가족은 너무 놀라 충격을 받았다. 이 때문에 물귀신 이야기가 아주 인상 깊게 기억에 남았다.

나는 어렸을 때부터 사원 근처에 가는 것을 기피했다. 사원 담장에는 지옥에서 어떤 사람이 작두 위에 올라가 있거나 불구덩이에 들어가 있는 무시무시한 그림이 그려져 있었기 때문이다. 나쁜 짓을 일삼는 사람은 죽으면 지옥에 떨어진다고 말하는 것은 선행을 권장하기 위해서다. 부모에게 불효해도 지옥에 떨어진다는 말이 있는데 아이들에게 오히려 죽음의 공포만 조성하기 쉽다.

우리 큰아들은 초등학교 2학년 때부터 죽음을 두려워하며 죽음이 무엇인지 나에게 묻곤 했다. 의사로 여러 해 동안 일한 나는 해부학 수업을 들은 적도 있고 병원에서 적잖은 사망을 마주하기도 했다. 병원에서는 사망을 의료 실패의 결과로만 여겨 그 원인을 밝히기 위해 정기적으로 사망 사례 연구 세미나를 개

최했다. 그렇지만 죽음이 무엇인지 깊이 생각해본 적이 없다. 임종한 사람은 어떤 느낌일까?

"사람은 죽으면 아무것도 안 남아. 아무 느낌도 없으니까 겁먹을 필요 없어."

나는 큰아들에게 이렇게 말했던 기억이 난다. 하지만 아들은 이 대답이 더 무서웠다고 한다. 팔팔했던 사람이 어떻게 아무것도 아닌 게 되지? 나는 다시 말을 바꿨다.

"사람이 죽으면 육신만 썩어 없어지고 영혼은 살아 있는 사람들 기억 속에 영원히 남거든."

최근에 큰아들과 이 일에 대해 기억 조각을 맞춰봤는데 아들은 내가 "크고 나면 안 무서워져"라고 말했다고 기억하고 있었다.

이 일을 통해 철이 들 무렵부터 아들이 죽음을 무서워했다는 것을 알 수 있다. 그로부터 20여 년간 나는 학업과 일로 바빴다. 일반 사람보다 죽음을 훨씬 더 많이 봤어도 나는 의사로서 사망에 대해 진지하게 생각해본 적이 없었다. 그래서 죽음에 대한 아들의 조바심을 덜어주지 못했다.

미국 정신건강의학과 의사 어빈 D. 얄롬은 『태양을 직면하기』*에서 어떤 어머니가 아이의 비슷한 질문을 듣고 "네가 나이 들어서 죽을 때쯤이면 죽음이 별거 아니라고 생각하거나 병에

---

* 어빈 D. 얄롬, 『태양을 직면하기』, 임경수 옮김, 학지사, 2023.

단식 존엄사

걸려서 빨리 벗어나고 싶을 거야. 어느 쪽이든 그때쯤이면 죽음을 싫어하지는 않을 거다"라고 했다고 한다.

참 지혜로운 대답 같다. 하지만 그 아이는 성인이 된 후에도 죽음에 대한 불안을 이기지 못하고 얄롬을 찾아가 심리 상담을 받았다. 그런데 얄롬은 85세에 집필한 회고록 『비커밍 마이셀프』*에서 자기 죽음의 불안에 대해 많은 지면을 할애했다.

그는 자신과 환자에게 "죽음에 관해서 가장 두려운 게 무엇인가요?"라고 묻곤 했다. 자주 나오는 답변은 두 종류였다. 하나는 '좋아하는 일을 할 수 없거나 좋아하는 사람이 앞으로 성장하는 모습을 못 본다'는 것이었고, 다른 하나는 '나 없이 살아갈 배우자, 연인, 자녀가 걱정된다'였다. 어느 쪽 답이든 자신과 사랑하는 사람을 가장 신경 쓰고 있다. 그렇다면 자신과 사랑하는 사람에게 잘해주면 되지 않는가? 죽음 앞에서 모든 명예나 물질적인 것은 의미가 없어진다.

『태양을 직면하기』에서 얄롬은 잔물결 효과를 언급한다. 동심원이 바깥으로 퍼지는 것처럼 우리는 무의식중에 타인에게 몇 년이나 몇 대에 걸쳐 영향력을 끼칠 수 있다. 오직 우리의 선행과 타인에 대한 은혜만이 자신의 한계를 뛰어넘어 오래도록 사라지지 않는다. 우리는 일생 동안 낯선 이에게 선행을 베풀고, 가족을

---

* 어빈 D. 얄롬, 『비커밍 마이셀프』, 이혜성 옮김, 시그마프레스, 2018.

돌보고, 일하며 타인을 돕고, 영감을 주거나 다른 사람을 이끌어 준다. 더 나아가, 글, 음악, 예술, 과학 기술과 같은 유산을 남기기도 한다. 이러한 삶이 헛되지 않다고, 후회 없다고 느낀다면 죽음 공포를 덜어낼 수 있을 것이다.

죽음이 어떤지 아는 이는 아무도 없다. 그 어떤 망자도 살아 돌아와 우리에게 죽음이 어떤지 말해줄 수 없지 않은가? 그렇지만 우리는 가족의 죽음이 산 사람에게 미치는 영향을 수없이 보고 들었다. 친구의 어머니는 이미 80대인데 투석을 한 지 10년이 넘었다. 그런데 아침 수영을 간 첫날 익사하시고 말았다. 어머님은 생전에 자녀들에게 고통스럽게 오래 앓다가 가고 싶지 않고 빨리 눈감고 싶다는 말을 여러 번 했지만 그렇게 갑작스레 떠나시니 친구는 오랫동안 상심이 컸다. 족히 2년 동안 친구는 우울해했고 목소리마저 전과 달라질 정도였다. 웃는 모습은 좀처럼 볼 수 없었다.

우리 외할머니는 일찍 돌아가셨다. 우리 어머니보다 열한 살 많은 둥산 이모는 우리 어머니를 끔찍이 아꼈고 우리 어머니도 이모를 어머니처럼 생각했다. 우리 삼남매도 자연스레 이 이모를 제일 잘 따랐다. 이모의 큰아들은 열일곱 살 때 공장에서 사고를 당해 세상을 떠났는데 이모는 너무 울다가 눈이 멀 뻔했다. 사촌 오빠의 사진을 보면 이모가 하염없이 눈물을 흘렸기 때문에 가족들은 사촌 오빠의 영정 사진을 모자로 가려두었다. 그때부터 이모의 얼굴에는 성모마리아 상처럼 그늘이 져 수십 년 동안 유쾌하게 웃는 모습을 볼 수 없었다. 가끔 미소를 지을 때면 얼굴이 딱딱하게 굳은 채 눈가와 입가만 살짝 미동할 뿐이었다. '백발이 검은 머리를 배웅하는 일'이 세상에서 가장 고통스럽다는 것을 나는 고등학생 때 깨달았다.

그런데 몇 년 후 이모의 작은아들이 전역하고 돌아와 오토바이 사고로 사망했다. 우리는 이모가 행여 슬픔을 이겨내지 못할까봐 걱정이 이만저만이 아니었다. 무슨 말을 해야 할지 몰라 묵묵히 같이 있어주기만 했다. 어떤 선생님 한 분이 이모를 다독거리며 이모와 아들의 인연이 얕아 그 시절만 함께할 수 있었던 것이라고 하자 이모는 그나마 떨쳐낼 수 있었다. 재활학과 병동에서 뇌중풍에 걸린 장노년을 제외하면 대부분 뇌 외상이나 척수 손상을 입은 젊은 남자다. 대개 어머니들이 환자를 돌보는데 나는 이모의 가슴 아픈 이야기를 어머니들에게 해주며 그 심정에 가닿곤 한다.

둥산 이모는 말년에 혈액암에 걸려 이란에서 타이완대학병원까지 치료를 받으러 다녔다. 우리 어머니도 이모를 돌봤다. 고생스레 골수천자와 화학요법을 받는 모습에 마음이 쓰렸다. 다행히 치료받고 나서 잠시 호전됐지만 3년 후 재발하는 바람에 치료 효과가 없었고 이모는 곧 돌아가셨다. 어머니는 부리나케 집으로 돌아와 흥분한 어투로 여태 그렇게 아름답고 희색이 돈 이모의 모습은 본 적이 없다고 했다. 얼굴에 옅은 미소까지 띠고 있었다고 했다. 어머니는 이모가 드디어 아들을 잃은 고통으로부터 벗어났다고 생각했다. 하늘에서 두 아들을 만났으리라. 그리고 3년을 더 살기 위해 그렇게 고생하고 시달리는 일은 의미가 없는 것 같다고 했다. 우리 어머니는 죽음보다 고통을 두려워하는 게 분명했다!

1980년대에 나는 타이완대학병원 재활학과에서 레지던트로 근무했다. 식물인간 왕샤오민의 어머니는 간병을 20년 동안이나 하고도 상황이 좋아지지 않자 딸이 더 이상 고통받는 것을 원치 않는다며 안락사법의 필요성을 제기해 사회적으로 광범위한 논의가 이뤄졌다. 타이완대학병원은 입법원 근처에 있어 나도 안락사 입법 연서에 서명했던 기억이 난다. 그때 처음으로 안락사 문제를 접했다. 이미 나는 '고통스레 사느니 죽는 게 낫다'고 생각하고 있었다.

재활학과에서는 삶의 질이 몹시 낮은 중증 장애인들을 자주 만난다. 환자의 남은 생애 동안 고통이 끝날 기미가 보이지 않고 가족들이 진 막중한 부담을 보면 마음이 무겁다. 부모님을 돌보기 위해 평생 홀로 지내는 딸도 많다. 애인을 사귈 기회도 가정을 꾸릴 여력도 없기 때문이다. 많은 어머니와 아내는 와상 환자인 자녀나 배우자를 간병하느라 오랫동안 침대 옆에서 잠을 이기며 지내고 자신의 생활이라곤 조금도 없다. 물론 이런 희생을 하는

24

남성 가족도 있다. 이런 남성은 재활학과에서 모범생처럼 칭찬을 받는다. 존엄하지 못한 상태로 평생 병상에서 벗어나지 못하는 일은 당사자와 가족에게 잔인하기 짝이 없다. 안락사 입법을 기대한 지 어느새 40년이 지났다. 지금까지 이루어지지 않아서 아쉬울 따름이다.

1999년 나는 미국의 죽음학자 엘리자베스 퀴블러 로스의 『생의 수레바퀴』*를 읽고 처음으로 '호스피스' 개념을 접했다. 로스는 1967년에 한 세미나를 열어 말기 환자를 초대했다. 질환의 원인이나 치료를 논하기 위해서가 아니라 환자가 마음속으로 느끼는 감정, 요구, 원한, 바람과 같은 것을 듣기 위해서였다. 죽음에 대해 언급하기를 꺼리던 그 시대에 '임종' '죽음'과 같은 명사는 일반 세미나에서 좀처럼 나오지 않았다. 사실 환자는 가족이나 의사의 반응을 통해 자기 삶이 얼마 남지 않았다는 것을 모를 리 없다. 명쾌하지 않은 의사의 설명 때문에 그들은 분노하고, 가족의 회피 때문에 그들은 외롭다. 세미나를 통해 그들은 마음의 소리를 털어놓을 기회를 갖고, 누군가의 배려로 따뜻함을 느꼈다. 세미나는 의대생들에게 큰 울림과 자극을 주었다. 죽음 또한 삶의 일부분이라는 것을 이해하고, 임종을 앞둔 사람의 심신을 잘 보살펴 아무 여한 없이 떠나게 하는 일 역시 의사의 임무

---

* 엘리자베스 퀴블러 로스, 『생의 수레바퀴』, 강대은 옮김, 황금부엉이, 2019.

임을 알게 됐다. 그러나 죽음을 의료 실패로 여기는 의사 동료 대부분은 크게 반발하며 세미나에 참석하지 않았고, 일부러 환자를 로스에게 소개시키지 않기도 했다.

로스의 호스피스는 환자가 생각하고 원하는 개념이다. 자기 아버지에게도 예외가 없었다. 로스의 아버지는 말기에 이르러 집에서 임종하고 싶어했지만 의사가 반대했다. 로스는 미국에서 스위스까지 날아가 직접 병원마다 발품을 들이며 의사와 논쟁했다. 마침내 '의사의 권고를 어기고 퇴원하는 증명서'에 서명한 뒤 아버지를 모시고 집으로 올 수 있었다. 구급차에서 로스는 준비해둔 샴페인을 들고 아버지와 건배했다. 아버지가 오래 그리워하던 미국 술이었다. 며칠 후 아버지는 스위스 풍경화가 걸려 있는 방에 누워 집 밖에서 들려오는 익숙한 교회 종소리를 들으며 편안히 눈을 감았다. 이 일화는 수많은 의사가 '질환'만 보고, 이를 '환자'의 느낌과 요구와 연결 짓지 못한다는 사실을 드러낸다. 정말이지 의료 교육의 실패가 아닌가!

로스는 세미나 경험을 모아 1969년 『죽음과 죽어감』을 출간해 사회적 반향을 일으켰다. 이 책은 훗날 이 분야의 고전이 되었다. 『라이프』지에 실린 '죽음과 임종 세미나' 인터뷰는 로스를 단번에 유명 인사로 만들었다. 그 세미나의 주인공은 스물한 살의 젊은 여성이었다. 그 여성은 세미나에서 질환과 죽음을 논하기보다 더 살 수 있다면 하고 싶은 일이 얼마나 많은지 그 포부를 당당하고 차분하게 말했다. 로스는 환자로부터 죽음을 마주하는 것이 후회를 남기지 않기 위해서가 아니라 더 잘 살아가기 위해서라는 점을 배웠다. 하지만 병원 측은 여전히 이를 이해하지 못했다. 병원은 환자를 살리기 위한 공간인데 로스가 이 병원을 사망 병원으로 널리 알리고 있다고 생각했다. 로스는 우스갯소리로 '죽음 의사'로 불리곤 했다.

그러나 로스의 관념은 시대를 초월해, 1980년대 구미 선진 국가에는 잇따라 호스피스 병동이 세워졌다. 타이완에는 1990년에 첫 번째 호스피스 병동이 세워져 임종을 앞둔 환자가 존엄을 갖춘 채 마지막 돌봄을 받을 수 있었다. 지금은 여러 대형 병원에서 이러한 서비스를 갖추고 있다. 재택의료센터의 도움을 받아 환자는 자기 집에서 임종을 맞이할 수도 있다.

일본의 의사 나카무라 진이치는 다른 종류의 '죽음 의사'로 불린다. 나카무라는 1996년부터 '자신의 죽음 생각하기' 모임을 정기적으로 열었다. 모임의 슬로건은 '현재를 훌륭하게 살려면 죽음에 대해 반드시 생각해야 한다'로, 참석자들은 삶과 죽음에 대한 생각을 자유롭게 나눴다. 말기 의료, 암 선고, 뇌사, 장기 이식, 연명의료, 존엄사, 안락사, 생전 소원 등에 대한 의제를 두고 토론하기도 했다. 어떻게 사는 것이 후련한지 이야기할 때가 많았다. 담론에서 그치지 않고 행동으로 옮겨 '수의 패션쇼' '모의 장례' '내가 들어갈 관' 같은 행사도 열었다. 당시 일본 사회에서 죽음은 금기어였다. 나카무라의 행보는 많은 논쟁을 야기했지만 그 모임에는 매번 수십 명의 사람이 참가했다. 연속으로 개최한 지 21년차였던 2017년까지 225회가 넘는 모임이 열렸다.

나카무라는 심지어 조립·분해가 가능한 친환경 골판지로 만든 관을 집에 두고 매년 설날에 몇 분씩 그 안에 들어가 1년 동안 어떤 나쁜 일을 했는지, 개선해야 할 부분은 없는지, 앞으로 어떻게 할 계획인지 일생을 곰곰이 돌아보고 반성했다. 그는 70세부터 자신이 이미 '유통기한'을 넘겼으니 언제든 여한 없이 인간 세상을 떠나도 괜찮을뿐더러 하루하루가 하늘이 주신 특별한 선물이라고 생각했다.

2013년에 출간한 『편안한 죽음을 맞으려면 의사를 멀리하라』*에서 나카무라는 집에서의 전통적인 '자연사'를 장려했다. 일본인의 80퍼센트는 병원에서 임종한다. 굳이 필요 없는 의료 처치를 하며 임종 과정을 연장해 사망 전 극심한 고통을 초래하는 경우가 많다. 그는 암에 걸려 죽는 것이 가장 좋은 죽음이라고 했다. 사후의 일을 미리 처리해두고 가족과 작별 인사할 시간이 충분하기 때문이다. 나카무라는 암을 노화의 일종으로 봤으며, 암은 원래 별로 아프지 않은 것인데 치료하면서 고통스러워진다고 했다. 이미 일흔이 넘은 나카무라는 중병에 걸려도 구급

---

* 나카무라 진이치, 『편안한 죽음을 맞으려면 의사를 멀리하라』, 신유희 옮김, 위즈덤스타일, 2012.

차를 부르거나 입원 치료를 하지 않고 집에서 자연사하는 것이 다음 세대에게 남기는 마지막 유산이라고 했다. 죽음에 대한 그의 달관, 삶에 대한 열정적인 태도는 높이 평가할 만하다.

달라이 라마는 죽음에 대해 아주 긍정적으로 생각했다. 죽음은 삶의 일부분이며 우리가 좋아하든 싫어하든 그것은 필히 다가올 수밖에 없다는 것이다. 죽음을 두려워하며 피하는 것보다 그 함의를 이해하는 편이 낫다. 죽음을 필연적인 좋은 일이라고 여겨야 우리는 이번 생에서 수행에 집중할 수 있고, 이미 얻은 특별한 삶에서 자신에게 이롭고 이타적인 선행을 많이 하게 돼 죽을 때 후회가 없다. 죽음은 위안이 되는 일이며, 인간의 영혼은 윤회해 다시 태어나므로 옷을 바꿔 입는 일과 다름없다. 오래되고 낡고 찢어진 옷은 바꿔 입어야 하는 것처럼 육체도 망가지면 이와 같은 이치다. 죽음이란 이처럼 간단하며, 신비하거나 어두운 일이 아니다. 그러니 죽음을 두려워할 필요 없이 의미 있는 삶을 열심히 살아가면 된다.

소뇌실조증 유전 검사

2001년 구정이었다. 친정으로 가기 전, 어머니는 전화로 요즘 갈수록 걸음이 흔들려서 계단을 오르내릴 때마다 손잡이가 필요하다고 했다. 길을 걸을 때 흔들거리는 바람에 걸핏하면 넘어진 지 벌써 몇 년이 됐다며 불평했다. 하지만 평소에 중풍인 아버지를 돌보는 일 외에도 이런저런 운동과 집안일을 곧잘 하고 손발이 민첩했기에 그저 어머니가 걱정이 많은 것이라 여겼다.

그런데 고작 몇 주 못 뵌 사이에 어머니는 부쩍 수척해진 모습이었다. 두 다리를 한데 모으고 서 있으면 몸이 거세게 흔들렸고, 한 다리로 서 있는 것은 말할 것도 없었다.

내 낯빛이 예사롭지 않았던지 어머니는 꼬치꼬치 물었다.

"나 당첨이지? 맞지? 이렇게 다 늙어서 웬 병에 걸렸는지."

나는 머릿속이 새하얘져 멍하니 곁에 앉았고 아무 말도 할 수 없었다.

이로부터 20년 전, 어머니보다 세 살 어린 사촌 오빠가 걸을 때 몸이 심하게 흔들려 내가 레지던트로 근무하던 타이완대학병원 신경내과에 진찰받으러 온 적이 있다. 일련의 검사 끝에 주치의는 척수소뇌실조증SCA, Spinocerebellar Ataxia*이라는 희귀병 진단을 내렸다. 주치의는 나에게 가족력을 똑똑히 알아본 뒤 자료를 넘겨달라고 했다.

삼촌은 30대 때부터 걸음걸이가 꼭 취한 사람 같았는데 이런 병 때문이었을 것이다. 사촌 오빠가 확진받기 3년 전, 거동이 이상했던 삼촌은 척수압박을 진단받고 수술을 받았다. 수술 후 양쪽 다리가 거의 마비되어 소변을 못 보게 됐고 그 뒤로 병상을 벗어나지 못했다. 외할머니는 마흔에 난산으로 돌아가시기 전까지 건강하셨다. 하지만 외할머니 쪽 친척 중에는 젊었을 때부터 걸음걸이가 불안정하다가 거동이 불편해져 침대에 오래 누워 지내는 사람이 많았다. 빼곡한 가족력 분포도를 보니 남성과 여성이 병에 걸리는 확률이 엇비슷한 게 우성유전이었다. 부모 중 한 사람이 병에 걸리면 그 자녀는 2분의 1의 확률로 걸렸다.

이때부터 삼촌 일가에 비참한 운명이 닥쳤다. 삼촌은 와상 환자가 된 지 5년 후 목에 옷을 감은 채 침대 아래로 굴러떨어져 스스로 생을 마감했다. 사촌 오빠는 확진 10년 후 얼굴에 비닐봉

* 척수소뇌실조증은 유전자의 DNA가 조금 더 길어 정상인보다 단백질을 더 많이 생성한다. 이런 단백질이 소뇌 신경세포에 축적되면 일찍 사망하게 된다. DNA가 길수록 다량의 단백질을 생성하고 파괴력이 더 강하다. 발병 연령이 어릴수록 병의 악화 속도가 빠르다.

지를 쓰고 질식해 사망했다. 사촌 동생은 20대에 발병해 병상에서 7, 8년을 보냈다. 말도 못 하고 음식도 못 삼키고 온몸에 관절 변형과 욕창이 생겨 뼈만 앙상해진 채 세상을 떠났다. 향년 마흔 넷이었다. 게다가 사촌 오빠와 사촌 동생의 자녀 중 여럿이 벌써 발병한 상태였다. 고작 10대나 20대인데 말이다. 이 병은 다음 세대에 더 일찍 발병하는 특징이 있다(표현촉진anticipation). 둘째 사촌 올케는 딸, 아들, 남편이 잇따라 병에 걸리자 폭음을 하다가 우울증에 걸려 수년 후 원인불명으로 돌연사했다.*

그 후 유전병 트라우마가 가족들 머릿속을 잠식했다. 어머니의 언니들은 당시에 발병 조짐이 없었고 예순넷인 어머니는 발병하기 쉬운 나이(30세부터 40세까지)를 이미 넘겼기에 우리 가족은 이 일을 그다지 꺼내지 않았다. 의료업계에 있는 나조차 몇 년 전에 유전자 검사를 할 수 있다는 것을 알았지만 이 문제를 마주해야 할 줄은 몰랐다. 현실 도피성 심리였는지 외할머니 유전자가 아들에게만 유전되고 딸은 피할 수 있다고 여겼다.

어머니에게 평형장애가 생긴 것은 심상치 않았다. 머릿속에 온갖 생각이 얽혀 너무나 복잡했지만 애써 침착한 체하며 어머니를 위로했다.

"일단 의사부터 만나보자."

---

* 발병이 안 된 가족은 종종 생존자의 죄책감survivor guilt에 빠져 환자를 돌봐야 한다는 막중한 책임감을 느낀다.

남편은 이 소식을 듣고 근심이 가득해 하늘이 무너진 듯했다. 인생이 별안간 암흑이 되어 밤에도 뒤척이며 쉬이 잠들지 못했다. 그러면서도 내가 이 좌절을 못 견딜까봐 걱정됐는지 계속 나를 다독였다. 겨우 며칠 사이에 흰머리가 다 났다.

어머니를 모시고 신경과에 갔다. 검사를 해보니 평형감각에 확실히 문제가 있어 의사 선생님은 연구실에서 혈액 검사를 하라고 했다. 나는 십중팔구 맞는다는 것을 알았다. 이 액운을 피하기 힘들 것이다. 그렇지만 유전자 검사 결과를 기다리면서 뇌 자기공명영상MRI 촬영을 통해 확실히 진단을 해야 했다.

MRI를 찍는 데 30분이 걸렸다. 어머니는 시간이 너무 느리게 가는 것 같다면서 온몸을 계속 떨었다. 어머니는 몸에 얇은 옷을 걸친 채 얇은 이불을 덮고 있었다. 밀폐된 작은 공간에서 기계가 고장 난 것은 아닐까 걱정됐다. 기계는 가끔 다른 소리를 냈다. 언제 또 다른 소리가 울릴지, 어떤 소리가 울릴지 몰랐다. 기나긴 검사가 될지도 모른다. 의료 종사자인 우리에게 아주 익숙한 검사가 환자에게는 이렇게 견디기 힘든 일이라는 것을 아는 사람은 거의 없을 것이다.

어머니도 어느 정도 눈치챘는지 나에게 계속 다른 병일 수도 있는지 물었다.

"감염이나 종양일 가능성도 있어. 그래서 MRI를 찍어봐야 하는 거고."

1장 소뇌실조증 유전 검사

"다른 병이었으면 좋겠다. 소뇌실조증만 아니면 되는데."

어머니는 뇌종양이나 암이어도 상관없다고 했다. 개두술도 두렵지 않고 죽어도 상관없다며 자식과 손주에게 유전만 안 되면 괜찮다고 했다. 나는 비통하기 짝이 없었다.

MRI 사진이 나오자 나는 잘 아는 방사선과 교수님에게 가서 물었다.

"몇 살쯤 된 환자 MRI 같아요?"

"한 쉰 살은 된 거 같은데요. 작은 구멍 하나만 보이고 다른 데는 괜찮네요."

나는 이 환자에게 소뇌실조증 가족력이 있고 현재 평형감각 장애가 있다고 했다.

"그러면 이 환자도 소뇌실조증이 맞아요."

증상 초기이며 아직 심각하지 않고 정상 범주였다. 나는 남편과 의논한 뒤 가족들에게는 비밀로 하기로 했다. 남동생과 여동생이 우리처럼 가슴앓이하는 것은 싫었다.

우리 남편은 산부인과 의사라 산전 검사를 통해 아들과 손주가 이 유전자를 가지고 태어나지 않게 할 수 있다. 어린 3세대 아이에게 이런 멍이 걸린 중대한 문제를 절대로 겪게 할 수는 없다.

나는 어머니에게 전화를 걸어 소뇌실조증이 아니라 오래된 뇌중풍이고 평형감각이 안 좋은 것은 나이가 든 탓이라고 했다. 어머니는 (나는 타이중에 있다) 거짓말하는 어색한 내 표정을 못

봤지만 딸이 사실대로 말하지 않는 것이 티가 났는지 직접 검사 결과를 보러 간다고 우겼다.

결국 어머니는 검사 결과를 보러 타이베이 룽민쭝 병원에 갔다. 검사 결과 타이완에서 가장 흔한 제3형 척수소뇌실조증 SCA3이었다. 유전 상담을 해주는 분은 어머니가 보호자 없이 홀로 결과를 보러 온 것에 놀랐다. 그리고 결과를 듣고도 당황하거나 상심하지 않고 침착하며 강인한 모습을 보이자 끊임없이 칭찬했다. 어머니는 당시에 컴퓨터를 배우고 있었다. 그리고 이제 영어를 배워야 할 것 같다고 했다. 앞으로 외국인 간병인과 소통하기 위해서였다.

어머니는 우리 삼남매도 검사받기를 바랐다. 자기는 이미 나이 들어 이런 병에 걸려도 상관없지만 행여 세 자녀와 세 손주가 병에 걸릴까 마음에 걸린다고 했다. 손주 다음 세대가 병을 안고 태어나는 것은 더더욱 받아들일 수 없었다.

나는 발병하지도 않았는데 검사받는 것에는 반대했다. 이 병에는 아직 효과 있는 치료법이 없기 때문에 일찍 알아봤자 아무도움이 안 되고 심경에만 영향을 끼칠 뿐이었다. 특히 나이가 어린 아이들은 어떻게 감당하겠는가? 그럼에도 불구하고 어머니는 만약 아이들이 이 유전자를 가지고 있다면 꼭 알아야 한다며, 여자친구를 사귈 때 상대에게 미리 말해야 한다고 했다. 사촌 동생처럼 말하지 않고 숨기다가 아내가 아이를 낳은 후 그 사실을 알게 되어 평생 용서하지 못하고 원망하게 두어서는 안 된다며. (사촌 동생의 딸은 열 살에 발병해 20대에 세상을 떠났다.)

나는 아이들이 만약 자신도 그런 유전자를 가지고 있다는 걸 알게 되면 다른 사람과 사귈 수 있겠느냐며 상대를 속이는 일은 하지 못할 애들이라고 했다. 상대에게 말하면 반드시 놀라 도망갈 게 뻔했다. 다른 사람과 만날 수 있는 유일한 방법은 아이들이 진상을 모르게 하는 것밖에 없었다. 그래야만 다른 사람과 자연스레 교제할 수 있을 것이다.

"그건 상대한테 못 할 짓이지!"

"엄마는 나한테 '세상에 진정으로 공평한 일은 없다'고 자주 말하지 않았어? 이 병은 지금 검사로 미리 알 수 있으니까 그렇지, 자기가 앞으로 뇌중풍이나 암 같은 병에 안 걸릴 거라고 장담할 수 있는 사람이 어디 있어?"

어머니는 삼촌, 사촌 오빠, 사촌 동생을 보면서 소뇌실조증이 차츰차츰 악화되는 과정을 목격했다. 사촌 동생의 피골이 상접해 욕창이 생기고 사지 구축이 와 비위관을 삽입한 채 말을 하지 못하는 비참한 모습을 봤다. 어머니는 먼저 나에게 안락사 이야기를 꺼냈다. 우리는 일찍이 이 문제에 대해 같은 견해였다. 만약 중병을 앓아 사는 것이 고생일 뿐이라면 억지로 치료해 고통을 연장하지 말자고 했다. 나는 가까운 시일 안에 타이완에서 안락사법이 통과되지 않을 것임을 알았다. 어머니는 필요할 때 당신이 벗어날 수 있도록 내가 도와주기를 바랐다. 어머니의 세 자녀 중 유일한 의사인 나에게 이 희망 사항을 들어달라고 했다.

병이 어느 정도 진행됐을 때가 엄마가 말하는 필요할 때인지 물었다.

"휠체어에 앉아서 가족들도 못 챙기고 다른 사람이 나를 챙겨줘야 할 때."

잠자코 듣자니 사태가 심각했다. 그런 기준이라면 이 세상을 떠나야 하는 사람이 얼마나 많은가. 우리 재활학과에 평생을 휠체어에서 보내는 환자가 얼마나 많은데. 나는 얼른 어머니를 위로했다.

"이 병은 나이가 많아서 발병할수록 진행 속도가 느려. 평범한 노인처럼 천천히 불편해질 뿐이니까 너무 깊게 생각하지 마세요."

그렇지만 이것은 위로에 불과했다. 어머니는 삼촌, 사촌 오빠, 사촌 동생을 통해 당신의 미래를 알고 있었다. 걸음이 갈수록 불안정해지고, 그다음에는 양손이 보조를 못 맞추고, 연하곤란을 겪고, 말할 때 발음이 새며, 마지막에는 앉아 있는 것조차 불안정해져 누워서 비위관을 통해 음식을 섭취하는 수밖에 없다. 절대로 이렇게 잔혹한 방식으로 어머니를 생애 끝자락에 다다르도록 두지 않을 것이다!

남편에게 어머니와 나눈 대화를 말해주며 만일 내가 이 병에 걸려 반신불수가 되면 최대한 빨리 벗어나고 싶다고, 고통스럽고 존엄하지 못한 상태로 살고 싶지 않다고 했다. 그리고 내가 먼저 떠난 후 기회가 된다면 재혼하라고 당부했다. 남편은 황급히 말했다.

"제발 바보 같은 소리 하지 마. 뭔가 결정할 때는 나한테 꼭 말해줘야 해. 늘 당신 곁에서 잘 보살펴줄 테니까. 당신이 없으면 나는 그냥 혼자 조용히 살고 싶어. 나는 인생에서 별로 바라는 게 없거든."

재활학과 의사로 수십 년을 근무하며 장애가 있는 환자를 숱하게 봤다. 자살 기도를 하는 환자나 집에 틀어박혀 나오지 않는 환자도 많이 있었다. 그렇지만 지금껏 척수가 손상된 많은 환자가 심리적 장애와 신체적 장애를 재빨리 극복하고 직장과 사회로 돌아갔다. 마음속으로 그들에게 진심으로 탄복했다. 나는 어쩜 이렇게 나약한 걸까? 남편에게 너무 걱정 말라며 요즘 생각이 많아져서 아름다운 것을 보거나 음악을 듣거나 독서를 할 때 생명의 아름다움을 느끼곤 한다고 말했다. 볼 수 있고, 들을 수 있고, 읽을 수 있는 것만으로도 살아볼 가치는 있다.

막 의대에 합격한 큰아들이 요즘 걷다가 문에 부딪힌 적이 몇 번 있다는 말을 하자 소뇌실조증 초기 증상 중 하나가 걸을 때 사람이나 벽에 쉽게 부딪히는 것이라는 내용을 책에서 본 기억이 났다. 오밤중에 뒤척이며 생각했다. 만약 그래서 평형감각이 안

40

좋은 거라면 큰아들은 앞으로 무슨 과 의사가 돼야 할까? 중학교에 다니는 작은아들은 엄마, 아빠가 왜 자꾸 자신들이 들어오면 하던 대화를 멈추는지, 그리고 자신과 형에게 이상한 동작(평형감각 테스트)을 시키면서 왜 엄마도 아빠 앞에서 똑같이 해보는지를 의심의 눈초리로 바라봤다.

모든 일은 전과 다름없었지만 우리 부부의 마음가짐은 완전히 달라졌다. 예전처럼 마냥 순수하게 즐거움을 느끼지 못할 듯했다. 심지어 친한 친구와도 연락하고 싶지 않았다. 이 일과 스트레스를 어떻게 친구에게 말한단 말인가. 말하지 않는다면 또 어떻게 태평한 척 가면을 쓰고 친구들을 대해야 한단 말인가. 한바탕 울고 나서야 무지로 인해 생긴 괴로움으로 이미 내가 병에 걸린 듯한 느낌에 사로잡혀 있었다는 것을 깨달았다. 그럴 바에 검사나 한번 해보자. 아직 절반의 가능성이 있지 않은가. 만일 걸리지 않았다면 자유로워질 수 있고 만일 걸렸다고 해도 지금과 같은 심정이지 않겠는가.

어머니가 전화를 걸어와 점쟁이 선생이 자기는 그저 노화 때문이지 나중에 유전병으로 죽진 않을 거라고 했다며 나를 위로하면서 너무 마음 졸이지 말라고 했다. 점쟁이가 큰딸이 당신보다 스트레스를 더 많이 받고 있다고 하는 바람에 어머니의 걱정이 끊이지 않았다. 나는 어머니에게 말했다.

"나 이미 혈액 검사 했어. 곧 결과가 나올 거야."

내가 일하는 병원에 알려지는 것이 싫어서 개업한 남편에게 검사를 부탁했다. 결과를 기다리던 그 몇 주 동안 어찌나 애가 탔는지 모른다. 남편이 병원으로 전화를 걸어 결과가 '음성'이라고 말해주던 순간 나는 뛸 듯이 기뻐 모두에게 이 소식을 전하고 싶었다! 정말로 감사했다! 얼른 어머니에게 전화를 했다. 어머니는 마음속 천근만근의 바위 여섯 덩이가 세 덩이로 줄어든 느낌이라고 했다. (나와 아들 둘을 제외하고) 아직 세 덩이가 남았다!

나중에 남편이 검사 결과가 설사 '양성'으로 나왔어도 나에게 '음성'이라고 했을 거라고 말했다. 나는 깜짝 놀라 도대체 음성이라는 건지 양성이라는 건지 물었다.

"당연히 음성이지!"

만약 내가 양성이 나오면 남편은 몰래 아들의 피를 뽑아 검사한 후 아들에게 결과는 알리지 않을 작정이었다.

우리는 바보처럼 아무것도 모르던 나날이 얼마나 즐거운 때였는지 생각했다. 그렇기에 여전히 남동생과 여동생에게는 말하지 않기로 했다. 하지만 혹시라도 외손자가 그 유전자를 물려받았을지 알고 싶었다. 아니라면 당연히 좋겠지만 만일 맞을지라도 그 아이가 모르게 한 뒤 배우자의 임신 초기에 산전 검사를 빌미로 유전 검사를 할 계획이었다.

남편은 외손자가 타이중에 왔을 때 생화학 검사를 도와달라고 속여 피를 뽑았다. 사실 이것은 소뇌실조증 유전 검사였다. 다

단식 존엄사

시 한번 신께 감사드린다. 외손자의 검사 결과도 음성이었다. 그렇다면 여동생에게 유전되지 않았을 확률이 매우 높았다.

나는 3세대가 운 좋게 피해갔으니 이미 중년인 남동생과 여동생은 굳이 검사를 안 해도 괜찮겠다고 생각했다. 어머니는 여전히 남동생과 여동생도 검사하기를 원했는데, 나는 이것이 단지 어머니로서 느끼는 압박감 때문이라고 여겼다. 유전된 이가 없는지 확인해야 죄책감을 지울 수 있다고 말하는 어머니에게 내 생각을 전했다. 죄책감을 완전히 떨쳐도 된다, 어머니가 당신의 어머니를 절대 탓하지 않는 것처럼 우리도 결코 어머니를 원망하지 않을 것이라고 했다. 그제야 어머니는 동생들에게 알리자고 우기지 않았다.

몇 달 후 어머니는 사실 여동생이 한참 전부터 이 유전병 트라우마로 인해 괴로워하고 있었다고 나에게 털어놨다. 최근에 이 병에 대한 매스컴 보도를 보고 어머니에게 왜 검사를 받지 않았는지 물었다고 했다. 이렇게 된 이상 동생에게 말할 수밖에 없었다. 나는 동생의 외아들에게 유전이 되지 않았으니 동생이 한시름 놓고 검사하지 않을 줄 알았지만 동생은 검사를 해야 한다고 고집했다. 검사 전의 내 심정을 생각해보니 동생 의견에 반대할 이유가 없었다. 천만다행으로 동생도 음성이 나오자 어머니와 동생 모두 한숨 돌릴 수 있었다.

마지막으로 이 사실을 알게 된 남동생은 사랑하는 어머니를 걱정하기만 할 뿐 자기 자신에 대해서는 신경도 안 썼다. 어머니가 검사를 받으라고 했지만 꿈쩍도 하지 않았다. 남동생은 지금 바빠 죽겠다며 나중 일을 걱정할 틈이 없다고 했다. 남동생에게는 자녀가 없다. 나와 남편은 검사하라고 자꾸 보채지 말라며 어머니를 다독였다. 남동생이 모처럼 긍정적인데 나중 일을 미리 알아 좋을 게 뭐가 있겠는가? 컨트롤할 수 있는 것은 현재밖에 없는데 미래의 일로 지금의 자신을 겁줄 필요가 있는가? 역설적이게도 나는 전에 이렇게 긍정적이지 않았지만.

이 매서운 파도가 치는 동안 두렵고 놀랐지만 다행히 잘 지나갔다. 우리 부부는 삶에 대한 견해가 크게 바뀌었다. 인류는 보잘것없음을, 살아 있는 것이 당연한 일이 아님을, 그렇기에 삶을 소중히 여겨야 한다는 것을 실감했다. 하지만 만약 검사 결과가 양성으로 나왔다면 우리는 지금 어떤 마음가짐으로 살고 있을지 상상이 안 됐다.

나는 의사이기에 이 모든 유전 검사 과정을 체제 밖의 자원을 활용해 우리 부부가 가족에게 가장 좋다고 여기는 방식으로 행했다. 의료인으로서 유전 상담 규정에 대해 한 치의 의심도 없었지만 이번 일을 겪으며 당사자 입장에서 느끼는 감정과 관점은 완전히 다르다는 것을 깨달았다. 현재 규정으로는 미성년자 대신 검사를 받을 수 없고 성인 본인이 검사를 신청한 뒤 직접 결과를 들어야 한다. 태아는 검사를 받은 뒤 보건법에 따라 인공유산도

가능하다. 몇몇 선진국에서는 이 질병이 중년에 발병하기 때문에 유산에 반대하기도 한다.

내가 유전 검사 결과를 기다리고 있던 때에 주쒀이핑朱穗萍 선생으로부터 연락이 왔다. 주 선생은 당신 가족, 소뇌실조증 환자들, 그 가족과 함께 '중화中華 소뇌실조증환우협회'를 설립한다며 나에게 고문을 맡아달라고 했다. 주 선생의 이야기를 듣고 10년 전 소뇌실조증에 관한 글을 신문에 기고했던 일이 떠올랐다. 당시 주 선생이 그 글을 보고 전화를 걸어와 물었다.

"우리 가족도 비슷한 상황인데요. 현재 이 병을 치료할 방법이 있나요?"

"아직 효과 있는 약은 없어요. 재활 치료로 악화되는 걸 막는 수밖에요."

주 선생의 어머니는 오래전에 사지 마비로 병상에 누운 지 몇 년 만에 자살했고, 몇 년 후 남동생과 여동생 여섯 명에게 잇따라 발병하는 바람에 주 선생이 둘씩 차례대로 집에 데려와 돌보고 있어 여간 고생스러운 게 아니라고 했다. 나는 척수손상환우협회가 환자와 가족에게 큰 도움이 된다고 말해줬다. 그런데 주 선생이 환우협회 설립을 인생 목표로 삼아 10년 뒤 그 꿈을 실제로 이뤄낼 줄은 몰랐다. 정말 대단하지 않은가. 10년 전의 전화 한 통으로 이렇게 인연이 될 줄이야. 우리 친척들도 협회로부터 도움을 받았다.

2001년 3월, 타이베이에서 환우협회의 첫 번째 총회가 열렸다. 병에 걸리지 않은 우리 사촌 언니 한 명이 이사를 맡았다. 첫째 사촌 오빠의 아들과 딸이 회원으로, 아직 세 살밖에 안 돼 잘 걷지 못하는 둘째 사촌 오빠의 딸은 올케 손을 잡고 참석했다. 만감이 교차했다. 나는 의료 고문 의사의 자격으로 참석했다. 내가 병에 걸리지 않은 가족이기도 하다는 사실은 대부분 몰랐다. 축사를 할 때 소뇌실조증을 불치병으로 여기지 말기를 강조했다. 이 병은 소뇌의 노화 속도가 일반인보다 빠를 뿐이라 재활을 통해 병세가 악화되는 속도를 늦출 수 있고, 알맞은 건강 관리와 운동으로 노화를 예방하는 것과 같은 이치임을 역설했다.

그날 이후 내가 몸담고 있는 재활병원에서 소뇌실조증 환자를 수없이 만났다. 병 때문에 운동이 부족했던 환자는 재활 치료를 통해 미미하게나마 좋아졌고, 앞으로 집에서도 꾸준히 재활하는 것이 중요했다. 그렇지만 차차 악화되면 다시 병원에 다녀야한다. 그래서 깊어진 병세에 맞게 운동 방식을 바꾸고 재활 보조기구 사용법도 배워야 한다. 병원의 물리치료사 역시 협회에 자주 들러 강연을 하고 보건 교육 책자를 제작하는 일도 도와줬다.

우리 어머니는 도리어 재활학과에서 치료를 받은 적이 없다. 어머니는 마흔여덟에 요가를 시작한 뒤로 매일 두 시간이 넘도록 운동을 했다. 아마 꾸준히 운동한 덕분에 발병 시기도 늦고 악화 속도도 느렸던 게 아닌가 싶다.

단식 존엄사

2
장

가엾은 소녀의 눈물

어머니는 가난한 소작농 집안에서 태어났다. 그 시대에는 아동이나 여성의 권리가 없었다. 어머니는 우리 삼남매에게 자주 인생 이야기를 해주곤 했다. 그렇게라도 하소연하는 것이 어머니가 삶을 지탱하는 힘이 됐다. 어머니의 인생과 비교하면 우리는 가진 것이 너무 많았기에 불평하지 말고 소중히 여기며 배움의 기회를 놓치지 말고 올바르게 살아야 했다. 결혼한 나에게 어머니는 그간 아버지의 억압과 통제에 대해 털어놓으며, 남편이 나를 아껴주고 존중하고 배려하는 마음씨를 소중히 여기라고 몇 번이나 일렀다.

말솜씨 좋은 어머니가 전해준 생생한 인생 이야기를 한번 들어보자!(외손자의 취재 기록)

어머니의 자서전

나는 1937년 이란 우제향 샤푸 마을에서 태어났다. 어머니는 아이를 열 명 낳았는데 첫째와 셋째가 아들이었고 딸이 여덟 명이었다. 나는 막내 바로 위였다. 내가 네 살 무렵 어머니가 막내 딸을 출산했다. 그런데 태반이 나오지 않자 조산사는 탯줄을 잘랐고 태반은 자궁에 남아 있었다. 출산 후 이른 저녁, 어머니는 의자에 앉아 태반을 빼내려고 했지만 안타깝게 성공하지 못했고 이튿날 새벽에 떠나시고 말았다. 얼마 못 가 막내도 떠났다. 나는 어머니가 먹여주는 음식만 먹었기 때문에 어머니를 잃은 내가 굶어 죽을까 모두 걱정했다고 한다.

당시에는 양녀 풍조가 만연했다(딸을 기를 여유가 없어 다른 집에 입양을 보낸 뒤 아이가 크면 그 집 며느리로 삼는 것을 민며느리라고 한다). 우리 집에서는 넷째 언니와 나만 그렇게 입양되지 않고 집에 남아 아버지를 보살폈다. 언니 다섯 명은 다른 집에 양녀로 갔다. 운이 좋은 경우도 있고 안 좋은 경우도 있었는데 후자가 더 많았다. 우리 큰언니가 자주 쉰밥을 먹었던 것처럼 말이다.

나는 아버지와 대화를 안 했다. 길을 걷다가 마주쳐서 아버지를 부르면 아버지는 그저 짧게 대답한 뒤 낯선 사람인 양 갈 길을 갔다. 넷째 언니는 가장 심하게 혼나곤 했다. 닭과 오리를 돌보다가 한 마리라도 잃어버리면 얼마나 심하게 야단맞았는지 모른다. 돼지를 돌본 작은올케언니(작은오빠의 아내가 될) 형편은 그나마 나았다. 돼지는 원래 잘 도망가지 않기 때문이다. 작은올케언니는 일을 잘해 혼나지 않았다. 어린 시절 나는 매일 놀기만 해서

별다른 이야기가 없다. 그저 가난했다.

하지만 아주 힘들었던 일화가 있다. 여덟 살 때 충치가 생겼는데 돈이 없어 치과에 가지 못했다. 잠을 못 잘 정도로 밤낮을 가리지 않고 아팠다. 치아 신경이 죽고 나서야 아픔이 사라졌다.

나는 나보다 열한 살 많은 작은올케언니를 엄마처럼 여겨 졸졸 따라다녔다. 설날에 닭과 오리를 잡을 때면 언니는 고환과 계란을 나에게 몰래 주며 다른 사람한테 들키기 전에 빨리 먹으라고 했다. 큰오빠에게 나보다 세 살 어린 아들이 있어서 나에게 먹을 차례가 좀처럼 오지 않았기 때문이다. 내가 초등학교 6학년 때 작은올케언니가 결혼하자 다른 사람들이 걱정 어린 투로 나에게 물었다.

"언니가 없으면 너는 앞으로 어떡하니?"(넷째 언니는 훨씬 일찍 시집을 갔다.)

우리 아버지는 연필이라곤 잡아본 적 없는 농부였다. 똑똑하고 기억력도 좋았지만 성질이 고약했다. 작은오빠가 여섯 살이던 어느 날 저녁 울고불고하니 아버지가 오빠를 때리며 말했다.

"우리 동네 그 노인네 있지? 병든 지 한참 됐는데 아직 안 죽은 노인네 대신 죽어버려라!"

희한하게 이튿날 아침에 둘 다 세상을 떠났다.

큰올케언니는 나에게 못되게 굴었다. 공부를 좋아하던 초등학생인 나를 보고 집안일도 안 하면서 무슨 공부냐며 자꾸 꾸짖었다. 이런 욕을 하기도 했다.

"오줌도 벽에 못 싸는 게."

나는 소변을 왜 벽에 보라는 건지 계속 생각했다. 큰오빠의 아들은 나만큼 공부를 안 좋아했다. 우리 아빠는 돼지는 살을 안 찌우고 개만 살을 찌운다며 욕했다.

나는 성적이 아주 좋았지만 집이 가난한 통에 선생님과 친구들에게 무시당하기 일쑤였다. 매번 간장부추와 흰밥을 도시락으로 싸갔는데 그 반찬은 찐 후에 냄새가 특히 고약했다. 한번은 큰올케언니가 아파서 큰오빠가 도시락을 싸줬다. 점심시간에 도시락을 열어보니 수란이 있었다. 세상에 이렇게 맛있는 게 있다니 평생 못 잊을 맛이었다. 선생님은 유복한 집안 여학생을 제일 예뻐했다. 그 친구는 나보다 공부를 못했는데 나중에 사범학교에 진학해 선생님이 되어 퇴직 후에는 매달 연금을 받았다. 나에게는 그런 기회가 없어 아쉬울 따름이다.

뤄둥 중학교 졸업 당시 나는 성적이 좋아 고등학교에 진학할 수 있었지만 가정 형편 탓에 꿈도 못 꿨다. 그래서 학비가 없고 3년만 공부하면 선생님이 될 수 있는 사범학교 시험을 볼 생각이었다. 그런데 시험에 응시하려면 10위안이 필요했다. 차표도 사야 해서 언니에게 50위안을 빌리고 싶었으나 입이 안 떨어졌다. 겁이 많았던 나는 결국 묻지 못해 시험 응시도 못 했다.

옷에 관심이 많았던 나는 아버지에게 지금처럼 빨래도 하고 밥도 짓고 돼지도 잘 돌볼 테니 학교에서 양복 재단을 배우게 해달라고 했지만 아버지는 허락하지 않았다. 그래서 1년 동안 돼지를 돌보다가 사범학교 시험에 응시했다. 이때는 초등학교 시절 선생님과 사귀고 있었다. 사범학교에 붙었지만 성적표가 선생님 집으로 가는 바람에 선생님은 성적표를 숨겨두었다가 등록 전날 저녁에야 나에게 건넸다. 등록하는 날 이불, 양치컵, 세숫대야, 속옷 네 벌을 챙겨야 했다. 그런데 나에겐 이불이 없었다. 준비할 시간이 없었기에 포기하는 수밖에 없었다. 나중에 나이가 많이 들고 나서야 그가 일부러 그랬다는 걸 깨달았다. 내가 사범학교에 가면 그와 결혼하지 않을 것임을 알았기 때문일 테다.

열일곱 살에 초등학교 선생님과 결혼한 나는 이듬해 큰딸을 낳았다. 남편은 데릴사위로 우리 집에 들어와 아버지와 같이 살았다. 결혼식은 예식장에서 올리지 않았다. 아침 일찍 직접 닭과 오리를 잡아 하객들에게 대접하는 등 대부분 직접 준비했다. 그 시절에는 축의금으로 5, 6위안을 받았고 집에서 하객을 대접했다. 드레스 같은 것도 안 입었다. 둘째 날이 돼서야 뤄둥 사진관에서 결혼사진을 찍었다.

맏이를 낳은 후 어느 날 남편과 뤄둥에 영화를 보러 갔다. 예전에는 왜 그랬는지 외출할 때 하이힐을 신었다(그때 외출용으로 예쁜 신발이 딱 한 켤레 있었다. 결혼식 때 신은 그 신발이다). 딸을 안고 있어서 팔이 저리고 다리도 아파 죽겠는데 도와줄 생각이 없는 남편을 보고 처음으로 '에잇, 결혼 잘못했다'고 생각했다!

　나는 어릴 적부터 가자희歌仔*를 좋아해 공연이 있을 때마다 보러 갔다. 결혼 후에도 여전히 매일 가서 서서 봤다. 수유하고 나서 아기가 네 시간쯤 잠을 자는 동안 혼자 보러 다녔는데, 이웃이 그렇게 하면 위험하다고 했지만 나는 대수롭지 않게 여겼다. 나는 연극을 보러 가고 남편은 학교에서 마작을 하느라 집에 없었다. 딸이 홀로 깨어 울다가 침대 여기저기를 힘껏 발로 차느라 다리가 빨개지기도 했다. 집안일은 끝이 없었기에 딸이 하루 종일 아기용 라탄 의자에 앉아 있는 날도 있었다. 옆집 엄마는 종종 이런 농담을 했다.

　"나중에 자기 딸한테 자기를 엄마라고 부르지 말고 그 라탄 의자를 엄마라고 부르라고 해야겠어."

　그리고 당시에는 엄마 돼지에게 고구마잎을 먹이고 아기 돼지에겐 채 썬 고구마를 먹여야 했다. 그래서 나는 돼지 밥을 잘게 다지고 고구마를 썰면서 요리도 했다. 그럼에도 하루 종일 욕을 들었다. 남편은 일 아니면 마작만 했기에 나 홀로 아버지와 남편, 아이까지 온 가족을 돌봤다. 한번은 내가 빨래하는 것을 본 아버지가 왜 그리 굼뜨냐며 꾸짖었다. 내가 벼를 벨 때 입었던 옷은 빨래하기 힘들다고 대꾸하니 아버지는 동네방네 내 험담을 하고

---

* 타이완 전통 연극.—옮긴이

다녔다. 그날 이후로 아버지가 뭐라고 해도 내가 아무 말 못 하니 아버지는 이렇게 말했다.

"우리 집 개는 바보야."

남편과 아버지는 사이가 안 좋아 서로 대화를 하지 않았다. 양쪽에서 나를 통해 상대에게 이래라저래라 시켰다. 그런데 내가 어찌 감히 그런 말을 전하겠는가? 중간에 낀 나는 결국 양쪽 모두에게 욕을 얻어먹었다. 나중에 우리는 학교 기숙사로 나가 살았다. 아버지 집에는 내가 키우던 돼지와 닭이 남아 있었다. 임신 6개월에 접어들며 닭 한 마리 잡아 몸보신하고 싶었지만 차마 말을 꺼내지 못했다. 중화권에서는 산후조리로 닭과 술을 함께 고아 먹는다. 그렇지만 나는 닭고기 한 조각 못 먹고 삼겹살만 먹었다.

둘째 딸이 태어난 해 여름방학에 남편에게 딸 둘을 맡기고 양복 재단을 배우러 다니며 수업 중간에 돌아와 모유 수유를 했다. 수업은 총 두 달 과정이었다. 나중에 연습 삼아 옷을 만들어 아이에게 입혔다. 2년 후 아들을 낳고 나서는 손님들 옷을 만들었다. 손님이 미싱 책에서 마음에 드는 모양을 고르면 나는 빨래를 하며 머릿속으로 옷을 어떻게 만들지 밑그림을 그렸다. 그 시절에는 옷 한 벌에 공임비로 5위안, 바지는 2위안씩 받았다. 천은 손님이 가져왔다. 남편이 수집하던 우표가 하나에 5위안이었던 것을 생각하니 울화가 치민다.

내가 재봉 일을 하기 전에는 형편이 안 좋아 옷 여기저기에 구멍이 나 있었다. 세 아이는 하루 종일 국수만 먹다가 부스럼이 날 정도였다. 그 시절에는 정부에서 교직원에게 기름과 밀가루를 배급해줬다. 그걸로 남편이 가끔 참깨전이나 충유빙蔥油餅을 만들면 포식하는 날이었다. 옷은 만들수록 점점 실력이 늘었다. 다른 곳보다 싸게 받아서 손님이 많았다. 가로로 네 척 세로로 여섯 척 크기의 옷장이 옷감으로 꽉꽉 차 있을 때가 많아 장사가 제일 잘 되던 때에는 사람을 세 명 고용하기도 했다. 내가 번 돈으로 아이들을 키우며 셋 다 공부시킬 수 있었다.

남편은 월급을 모두 본인에게 썼다. 취미가 많아 신작 영화가 나오면 혼자 보러 다니고 카메라, 악기, LP, 녹음기 따위를 사들였다. 그리고 홀로 뤄둥에서 기차를 타고 타이베이 구링제에 가서 우표, 옛날 지폐, 동전을 샀다. 애국 복권이 1700여 회 나오는 동안 매회 샀는데 당첨을 바란 것이 아니라 수집용이었다. 선생님으로서 아이들 공부를 중시하기 마련이건만 남편은 나에게 옷은 그만 만들고 집이나 깨끗이 치우고 밥만 지으라고 말하곤 했다. 내가 돈을 벌지 않으면 아이들 학비가 없는데 어떻게 하느냐 물으니 돈이 없으면 공부를 안 하면 그만이라고 했다. 공부를 좋아했으나 형편 때문에 못 했던 나로서는 무슨 일이 있어도 아이들에게 공부를 시켜야 했다. 자식들에게 책 한 권 사주지 않고 자신이 좋아하는 것만 사는 남편이 참 이상했다.

남편은 폭군처럼 뭐든지 간섭했다. 나를 쫓아다닐 때는 하늘에서 내려온 선녀 같다더니 결혼 후 싸울 때는 마귀할멈이라고 했다. 더 심하게 욕할 때는 내가 공산당보다 더 나쁘다고 했다. 남편은 공산당을 제일 싫어했다. 한번은 남편이 친척 집을 방문하러 중국에 갔다가 알게 된 중국 여자 한 명과 연락을 주고받았는데 내가 외출한 틈을 타 길게 통화를 해서 한 달 전화료로 몇만 위안이 나왔다. 내가 이유를 묻자 남편은 나보고 공산당보다 더 나쁘다고 욕하며 간섭 말라고 했다. 나는 남편 마음에 누가 있는지 단속도 못 하는구나. 남편은 툭하면 이런 억지를 부렸지만 나는 번번이 이기지 못했다.

어릴 때는 아버지에게 집안일을 못 한다고 혼나고 결혼 후에는 남편에게 닭대가리같이 멍청하다고 욕을 들으니 기가 죽어 늘 고개를 숙인 채 땅만 보며 걸었고 사람을 잘 못 쳐다봤다. 친구는 "땅에 금덩이라도 있냐!"며 놀리듯 말했다.

나는 눈과 코가 이상하게 생긴 것 같아 거울 볼 엄두조차 안 났다! 서른일곱 살 되던 해에 큰딸이 타이완대학 의학과에, 작은아들이 젠궈고등학교*에 붙자 바닥을 보고 걷지 않게 됐다. 길에서 다른 사람과 인사도 할 수 있었다.

마흔두 살이던 해에는 남편이 퇴직하고 집에 있었다. 걸핏하

---

* 타이완 명문 남자 고등학교. ─옮긴이

단식 존엄사

면 성질을 내고 물건을 던져 그 시기는 정말 견디기 힘들었다. 한 번은 텔레비전을 보다가 가수 팡원린方文琳이 어릴 적 짝사랑했던 사람을 찾는 프로그램이 방영됐다. 남편이 유부녀가 저러면 안 된다고 하기에 그럼 당신이랑 샤오펑小鳳(남편이 짝사랑했던 동료)은 뭐냐고 물었다. 남편은 머리 꼭대기까지 화가 나 바닥을 데굴데굴 구르며 내가 사과하기 전까지 안 일어나겠다며 버텼다. 남편은 나중에 보험 회사에서 일했다. 작은딸과 사위 보험을 들어주겠다고 해서 막내아들이 그 상품을 계산해보더니 그 보험은 별로라고 했다. 남편은 그 일을 알고 노발대발했다.

"시집간 딸은 다른 집 사람인데 네가 이러면 팔이 밖으로 굽는 거다!"

창문으로 뛰어내릴 것처럼 난리를 피워 막내아들이 무릎을 꿇고 사과하는 수밖에 없었다.

남편이 나를 귀찮게 하지만 않으면 나는 즐겁게 지냈다. 매일 아침 무슨 말은 해도 되고 무슨 말은 하면 안 되는지 고민했다. 남편은 간격을 두고 신경질을 부렸다. 바닥에서 데굴데굴 구르거나 창문으로 뛰어내리겠다고 고래고래 소리를 질렀다. 한번은 또 뛰어내리겠다고 난리를 쳐서 짜증이 날 대로 난 나는 더 이상 사는 게 의미 없다고 느껴 그럼 같이 뛰어내리자고 했다. 남편은 "왜 그래!"라며 나를 막았다. 한 달쯤 뒤에 또 뛰어내리겠다고 해서 내가 말했다.

"내가 먼저 뛰어내릴 테니까 당신은 마음대로 해!"

남편은 화들짝 놀라 그러지 말라고 나를 말렸다. 그 뒤로 그런 일은 없었다. 나는 그때 너무 화가 나서 뛰어내리고 싶었을 뿐인데 남편의 나쁜 버릇을 고치게 될 줄은 몰랐다.

마흔 살 때는 요가를 배우러 갈 엄두가 안 나 혼자 집에서 텔레비전을 보며 연습했다. 한동안 연습한 후 몸이 조금 유연해지고 나서야 요가를 배우러 다녔다. 실력이 금방 늘어 선생님의 보조도 하고 적십자에서 요가 강사로 자원봉사도 했다. 적십자 일을 그만두고 나서는 매일 공원에서 요가를 했다. 많은 사람이 나를 보고 배웠다. 요가를 배워서 얼마나 다행인지 모른다. 예전에는 매년 네다섯 번은 감기에 걸렸는데 매일 요가를 한 뒤로 감기에 잘 걸리지 않았다.

아들은 박사 공부를 하러 미국에 갔다가 내가 쉰세 살 때 졸업하고 귀국해 타이완대학에서 강의했다. 그러면서 나에게 매달 2만 위안씩 생활비를 보내줬다. 나는 은퇴 후 삶을 계획하며 새 손님을 받지 않고 옷 만드는 일을 조금씩 내려놨다. 생활에 여유가 생겨 패치워크를 배우며 만든 작품 대부분은 선물했다. 집 안에 남는 천이 많아 옷을 만들어 지인에게 선물하기도 했다.

요가 친구 중 한 명이 주식을 했다. 나는 담력 훈련을 위해 친구에게 주식을 가르쳐달라고 했다. 수십 년 동안 집에서 재봉틀만 만지며 은행도 못 갔으니 증권사 객장에도 가본 적이 없었다.

처음 객장에서 가입 신청서를 쓸 때 펜을 쥔 손이 계속 떨려 이름도 제대로 못 썼다. 처음에는 전화를 거는 것도 힘들었다. 나중에야 자신감이 조금 생겼다. 나는 주식을 하는데 세 가지 원칙이 있었다. 생활비로 매수하지 말 것, 빚을 져 매수하지 말 것, 손해를 봐도 팔지 않고 배당금을 받을 것. 그렇게 해서 돈을 조금 벌면 매년 취약 계층과 이재민에게 기부했다. 큰딸은 다른 사람은 주식으로 다 돈을 잃는데 나는 번 돈을 자신에게 쓰지 않고 기부를 해서인지 부처님이 자비를 베풀어 계속 돈을 버는 것 같다며 우스갯소리를 했다. 그래서 나는 사원에서 자원봉사를 했다.

남편은 1978년 10월 반차오 중학교에서 퇴직했다. 나는 퇴직 연금을 다 받지 말고 반을 남겨두라고 했지만 남편은 말을 듣지 않았다. 퇴직 연금을 일시금으로 받으면 이자는 18퍼센트였기 때문에 매달 1만000위안씩 받는 꼴이었다. 그 당시 월급이 1만 2000위안이었다. 그런데 1980년 2월 임금을 20퍼센트 인상하라는 발표가 있었다(공직자에게 처음 있는 월급 대인상이었다). 그 뒤로 매년 3퍼센트씩 인상했다. 1992년 임금 인상 후에 연금을 받는다고 계산해보면 매달 50퍼센트 이상 많이 받을 수 있었다. 하지만 남편은 똑같이 1만000위안을 받았기 때문에 정책이 불공평하다고 생각했다. 나는 운명이라 생각했고 가족 누구도 남편을 탓하지 않았으나 남편은 그 일로 매일 불같이 화를 냈다. 그리고 잘난 체하며 젊은 선생님들과 탁구를 과격하게 치다가 경기 도중 뇌출혈로 중풍이 들었다.

그 후 지팡이를 짚고 걸을 수 있을 정도로 회복되자 처음에는 위안퉁 사원까지 하이킹하더니 나중에는 매일 신문과 라디오에서 민간요법을 찾았다. 소변까지 마셔가며 무엇이든 했다. 의사인 큰딸이 중풍을 낫게 할 방법을 연구하지 않는다며 원망도 했다. 매일 일어나면 거실에 가만히 앉아 병원에 가는 것 외에는 밖에 나가지 않았다. 남편을 돌보며 잔소리까지 듣느라 나의 일상은 더 견디기 힘들어졌다. 걸핏하면 이렇게 말했다.

"내 성질을 돋워 다시 중풍이 재발할까봐 두렵지 않은가보지?"

나는 외출할 때 제대로 말해줘야 했다. 조금이라도 늦게 들어오면 자기가 나를 사랑해서 걱정하는 거 모르냐며 불평을 늘어놓았다.

홀랑 속아 남편과 결혼한 일이 이번 생에 가장 후회된다. 하지만 이혼을 생각해본 적은 없다. 우리 시대에는 아무도 이혼하지 않았다. 이혼하면 세 아이는 어떻게 하나? 나에게는 키울 능력이 있지만 양육권이 나에게 있겠는가? 예전에 양육권은 자연스레 남자 쪽에 있었다. 아이 셋을 남편에게 맡기면 큰일나지 않겠는가?

나는 옷을 만드는 일이 바빠 아이들과 자주 못 놀아줬다. 어릴 때 단단히 단속하지 않다가 커서 나쁜 짓을 하면 되돌릴 수 없을까봐 걱정돼 아이들에게 엄격하게 했다. 남자는 힘이 너무 세기 때문에 보통 내가 아이들 체벌을 맡았다. 재봉 일 하랴 아이들 숙제 확인하랴 무척 바빴다. 초등학교 때만 관여했고 중학교 이후부터는 대부분 스스로 알아서 잘했다. 다행히 큰딸과 막내아들은 공부를 잘해 모두 대학교수가 됐다. 작은딸은 나에게 미싱을 배웠다. 재능도 있고 성실해 패션계에서 유명한 디자이너가 됐다. 월급이 대학교수와 맞먹으니 작은딸이 패션계의 교수나 다름없다고 생각한다! 작은딸은 중학교를 졸업하자마자 나를 도와 옷을 만들고 가사를 도우며 용돈도 안 받았다. 그러니 지금 내가 최대한 도와주려고 한다. 세 남매가 효심이 깊고, 우애가 좋아 서로 잘 돌봐주니 안심이 된다.*

---

* 예전에는 몰랐다. 지금 어머니의 삶을 보니 '가족 트라우마'와 '정서적 핍박'이라는 말이 떠오른다. 외할아버지는 어머니를 홀시하고 호되게 꾸짖고 냉정하게 무시했다. 칭찬이나 응원을 해주거나 같이 시간을 보내주지 않았으니 사랑은 말할 것도 없다. 이로 인해 어머니는 열등감이 생기고 성격이 급해졌으며 완벽을 추구하는 성향이 생겼다. 또한 성실하고 굳세며 치욕을 참으면서 부담을 떠안는 습관도 생겼다. 과거에 어떤 사람들은 정서적 핍박의 수단으로 울고불고 난리 치고 목을 맸는데, 아버지 또한 성질을 부리며 바닥에 뒹굴고 창밖으로 뛰어내린다고 하며 어머니의 관심을 끌었다. 어머니는 순종하거나 사과하며 아버지를 달래는 수밖에 없었다. 아버지가 거듭 선을 넘으면 어머니는 거듭 물러서며 악순환이 이어졌다. 58년 결혼생활은 어머니에게 풀기 힘든 원한이 되어 공포와 상처로 남았다.

3장

그때그때 사랑하기, 손잡고 여행하기

어머니는 우리 삼남매가 학업을 마치자 퇴직하고 몇 년간 평안한 나날을 보냈다. 요가, 패치워크, 주식을 하는 것 말고도 친구나 언니들과 국내외로 여행을 다니며 어머니 인생에서 가장 아름답고 즐거운 추억을 쌓았다. 아버지와 함께 중국의 고향에도 가보고, 친구와 패키지 여행으로 중국, 일본, 유럽 등 각지를 다녔다. 몇 권의 사진첩에는 환하게 웃는 어머니의 아름다운 모습이 남아 있다. 새장에서 풀려난 새인 양 자유롭게 아름다운 자연과 이국적인 정취를 한가로이 즐기며 친구들과 즐겁게 웃고 있다.

1990년 나는 아홉 살, 네 살의 두 아들을 데리고 미국으로 연수를 갔다. 어머니와 아버지도 함께 캘리포니아에서 반년 동안 살았다. 아버지는 아이들 등하교를 도와주며 큰아들에게 타이완 초등학교 3학년 과정을 가르쳐줬다. 어머니는 집안일과 막내 육아를 도와줬다. 그 반년은 아주 평화로웠다. 나는 주중엔 병원에

단식 존엄사

가고 휴일에는 부모님과 아이들을 데리고 방방곡곡을 여행했다. 아이들도 잘 안 싸우고 아버지도 신경질을 자주 내지 않은 데다가 아무도 감기에조차 안 걸렸다. 남편은 함께 못 갔지만 모두 신선놀음을 했던 나날이었다.

그러나 아쉽게도 좋은 날은 오래가지 않았다. 아버지는 심신이 불편해지는 바람에 할 수 없이 앞당겨 타이완으로 돌아갔다. 나 혼자 뉴욕에 남아 반년 더 연수를 했다. 돌이켜보면 어머니와 나, 아이들끼리만 너무 즐겁게 지내 아버지가 외로웠을 것 같다.

1992년 아버지가 중풍에 걸린 뒤로 어머니는 해외에 나가는 횟수가 확 줄었다. 아버지는 퇴직하고 처음 몇 년 동안만 신경질적이었고 나중에는 조금 나아졌다. 그런데 중풍이 들고 나서 "너네는 내가 다시 중풍이 도질까 안 두렵냐?"와 같은 협박이 하나 더 늘었다. 나도 직접 들은 적이 있다. 어머니와 길게 통화할 때면 불평이 점점 더 많이 들렸다. 나와 아버지의 간극은 깊어져만 갔다.

어머니의 발병 후 우리는 아버지에게 반드시 알려야 한다고 생각했다. 아버지가 그 때문에 어머니에게 더 잘해주기를 바랐다. 그러나 아버지는 자신을 위한 민간요법을 찾는 데에만 급급해 중풍이 완치되기를 기대하면서 어머니의 병에 대해선 묻지도 않았다. 어머니의 병은 진행 속도가 느려서 바로 와닿지 않는다. 여전히 아버지는 아무렇지 않게 이래라저래라 명령하며 어머니를 부리는 '서방님'이셨다.

여행을 좋아하는 나와 남편은 미국 연수에서 돌아온 다음에도 매년 두세 번씩 해외에 나갔다. 유럽이나 미국에 가면 나는 미술관 관람하는 걸 좋아했는데 일정이 길어서 어머니를 모시고 가진 못했다. 가끔 어머니를 모시고 일본 경치를 보러 다녀왔다. 그리고 2001년 2월 어머니에게 소뇌실조증 증상이 나타났다. 나는 문득 어머니가 제대로 걸을 수 있는 날이 몇 년 안 남았다는 생각이 들어 검사 결과가 나오기 전에 알래스카 크루즈 여행을 예약했다. 만약 그 질환이 맞으면 그냥 즐기면 되고 음성이 나오면 축하 기념으로 삼으면 되니까.

처음으로 일본이 아닌 다른 나라에 어머니를 모시고 가는 장거리 여행이었다. 여행 기간은 13일이었다. 어머니는 숙소에서 어떤 회사 사장님의 어머니와 같이 묵었는데 두 분은 잘 어울려 지냈다. 어머니는 그 부인이 정정하고 낙천적이라며 감탄했다. 그 부인은 어머니의 굳센 면과 매일 방에서 요가하는 모습을 보고 좋아하셨다. 당시만 해도 다른 사람이 보기에 어머니는 멀쩡했다. 하지만 실제로 어머니는 양쪽 다리를 넓게 벌리고 걷느라 전처럼 씩씩하게 걷지 못했고 계단을 오르내릴 때는 꼭 난간을 잡아야 했다. 나도 젊었을 때 계단에서 넘어진 적이 있어서 계단을 이용할 때 난간을 잡는 것이 익숙했다.

크루즈와 기차를 타는 패키지 상품은 많이 걸을 일이 없고, 특히 산길을 걷는 일정이 없어서 어머니가 갈 만했다. 어머니의 평형감각이 안 좋은 것을 염두에 두고 미끄럽거나 오르막길에서는 내가 어머니 팔짱을 끼고 보조를 맞췄다. 어머니는 크루즈에서 먹는 화려한 음식이 너무 비싸다고 했다. 그렇지만 여행 내내 본 풍경은 마치 그림 같았다. 빙하와 빙산이 보기 드문 장관이었고, 어머니는 몹시 즐거워했다. 싱긋 웃고 있는 우리의 사진을 보면 참 위안이 된다.

어머니가 해외여행을 하는 동안 남동생이 매일 저녁 집에 와서 잠을 잤지만 낮에는 아버지 혼자 있어야 했다. 남동생과 이웃에게 부탁해 도시락으로 세 끼니를 챙겼다. 어머니는 다른 사람에게 민폐 끼치는 것을 싫어했다. 게다가 아버지는 어머니가 해외에 가는 것이 모두 자기 은혜 덕이라고 입버릇처럼 말했기에 어머니는 내가 여행을 가자고 해도 자주 승낙하지 않았다. 다행히 여동생이 타이베이에 살아서 매주 어머니를 살피러 갔다. 택시 운전을 하는 제부가 종종 어머니를 이모나 친구 집에 모셔다드리거나, 직접 모시고 짧은 국내 여행을 다녔다.

2004년 가을, 나는 남편과 패키지 여행으로 도쿄에 출사를 가게 되어 일본의 가을 풍경을 본 적이 없던 어머니도 모시고 갔다. 어머니는 지팡이를 짚고 다녀야 했다. 우리 출사단은 차를 타고 한 장소에 도착하면 오랫동안 머무르며 사진을 찍었다. 어머니는 많이 걸을 필요 없이 여유롭게 풍경을 감상할 수 있었다. 한번은 오이라세 계류를 찍으러 갔다. 우리는 강을 따라 거닐며 이

리저리 돌아다녔다. 오전부터 오후까지 몇 킬로미터를 걸으며 쉴 새 없이 사진을 찍느라 나는 어머니를 신경 써야 한다는 것을 잊어버렸다. 민폐 끼치는 걸 싫어하는 어머니가 얼마나 참다가 나에게 다리가 아프다고 말했는지 모르겠다(길에 의자가 없었다). 지금 그때 찍은 사진을 보면 강가 길이 걷기 쉽지 않은데 내가 정말 세심하지 못했다 싶다!

둘째 날, 도와다호에 도착하자 눈이 내려 산과 들의 붉은 단풍잎 위로 엷게 쌓였고 모두 신이 났다. 어머니는 아이처럼 즐거워하며 기념사진을 수없이 찍었다. 어머니는 나보다 열일곱 살 많지만 규칙적으로 하는 운동 덕분에 건강하고 나이 들어 보이지 않아서 사진 속 우리는 꼭 자매 같다.

어머니는 꽃을 특히 좋아했다. 그래서 거리도 가깝고 풍경도 아름답고 나와 남편이 빠삭하게 아는 일본으로 벚꽃놀이를 하러 가곤 했다. 2007년에는 우리 부부, 어머니, 여동생 이렇게 넷이 교토, 나라, 오사카로 벚꽃을 보러 갔다. 나는 사진 찍기에 몰두해 여동생이 어머니의 임시 지팡이가 되어 거의 전적으로 어머니를 부축했다.

남편이 쉴 새 없이 사진을 찍어줬다. 활짝 웃는 우리 셋은 꼭 자매 같았다. 하늘이 도왔는지 시기가 딱 맞아 가는 곳마다 벚꽃이 만개해 있었다. 교토는 작아서 택시로 다니기 편하고 시간도 아낄 수 있었다. 유명한 관광지는 거의 다 다녀왔다. 돌아오기 전날은 마침 오사카 조폐국 개방일과 딱 맞아 벚꽃 명소에서 100여 종을 구경했다. 분홍빛 물결이 자아내는 장관을 처음 본 어머니는 기쁨에 가득 찼다. 여행에서 돌아온 뒤 잘 나온 사진을 인화해 사진첩을 만들어 어머니에게 선물했다.

발병한 지 8년차인 2008년 우리는 패키지 여행으로 튤립을 보러 네덜란드에 갔다. 남편은 함께 가지 않았다. 어머니는 내가 미덥지 못했고 나도 나를 잘 알고 있어 여동생도 불렀다. 나는 사진 찍는 일을 도맡았다. 여동생이 어머니를 줄곧 부축하고 있어 그 둘을 보면 샴쌍둥이나 다름없었다. 어머니는 여동생 팔을 꼭 잡고 걸었다.

전에 어머니 혼자 난간을 잡고 계단을 내려가다가 마지막 한 단을 못 보고 우당탕 소리를 내며 앞으로 고꾸라져 모두를 깜짝 놀라게 한 적이 있다. 소뇌실조증 환자는 평형감각이 안 좋아 넘어질 때 어떤 저항도 하지 않기에 팔이나 허벅지가 골절되진 않는다. 대신 이렇게 넘어지면 앞니가 깨질 수 있다. 다행히 어머니는 아무 데도 다치지 않았다. 여동생은 그런 어머니를 더 신경 써서 부축했다. 나중에 여동생은 너무 꽉 잡혀서 팔이 아팠다고 털어놨다. 평형감각이 안 좋은 사람은 걸을 때 온몸에 긴장을 하기 때문에 에너지 소모가 어마어마하게 크다는 것을 알 수 있다.

이번 열흘간의 네덜란드 여행은 어머니와 여동생 모두 힘들어했다. 거동이 점점 더 불편해지면서 어머니는 여행에 흥미를 잃어갔고, 이것이 어머니의 마지막 해외여행이 되었다.

이모들은 내가 수시로 해외여행을 다니는 것을 알고 어머니에게 말했다.

"네가 이런 병에 안 걸렸으면 철새처럼 세계여행을 다닐 텐데. 얼마나 좋은 팔자니!"

말하자니 죄송스럽지만 어머니가 병에 걸리기 전에도 나와 남편은 방방곡곡 여행을 다녔다. 하지만 어머니를 자주 모시고 가진 못했다. 어머니가 심장병이나 중풍으로 세상을 갑자기 떠나지 않아 얼마나 다행인지 모른다. 그랬다면 더욱 한스러웠을 것이다.*

---

* 자주 집에 들러 어른과 시간을 보내는 것이 중요하다. 때로는 반복되는 자질구레한 일상에 대한 불평을 듣게 된다. 그러나 여행을 떠나면 평소의 소란스러움에서 벗어나 산과 물을 보며 유유자적하게 현재를 즐길 수 있다. 그리고 아름다운 풍경과 인물 사진을 많이 남겨 추억을 먹고 살 수 있다. 거동이 불편한 어른을 모시고 갈 때는 자유 여행이 적합하다. 체력에 맞게 언제든 이동하거나 쉴 수 있다. 화장실에 갈 때도 민폐를 끼치지 않는다. 어느 장소 한 곳을 정해 심도 있는 여행을 떠나자. 차를 타고 먼 길을 가는 것보다 택시로 가까운 곳에 가는 게 편하다. 어르신 거동이 심하게 불편한 게 아니라면 버스나 지하철로 다니는 것도 좋다. 유람선도 좋은 선택지다. 유람선에서 갖가지 활동을 하기도 하고, 상황에 따라 배에서 내릴 수 있으며 많이 걸어 다닐 필요가 없다. 어머니가 유명을 달리하신 뒤 그리울 때마다 함께 갔던 여행 사진을 보며 어머니의 숨결을 가까이에서 느낀다.

단식 존엄사

4
장

재활과 열정적인 생활

'재활'은 영어로 'rehabilitation'(make able again)이라고 한다. 병이나 상해로 인해 장애를 입은 사람disabled, handicapped이 훈련과 보조 기구의 도움으로 잃어버린 능력을 되찾을 수 있게 하는 일이다. 예를 들어 중풍이 든 사람은 손발에 힘이 없어 혼자 밥을 먹거나 걷지 못한다. 하지만 훈련을 통해 마비된 손과 발의 기능이 개선되면 다시 원래대로 혼자 밥을 먹고 걸을 수 있게 된다. 증상이 심하면 낫는 데 한계가 있으므로 이런 경우에는 반드시 상태가 나은 쪽 손으로 밥을 먹고 지팡이를 짚으며 천천히 다녀야 한다. 보통 중풍은 발병했을 때 증세가 가장 심각하며 나중에는 뇌에서 부기가 빠지고 핏덩어리가 사라진다. 그러면 신경 부분이 다소 회복되기 때문에 재활 후에 확연히 나아지는 모습을 볼 수 있다(지능이 떨어지는 것만 제외하고).

소뇌실조증은 소뇌 신경세포가 퇴화하는 질병이기 때문에 증세가 점점 악화되기만 하는데 재활이 효과가 있을까?

치매, 파킨슨병, 루게릭병(운동 신경원 질환) 역시 중추신경이 점점 퇴화하는 질병이다. 약물을 복용하며 일부 증상을 컨트롤하는 것 외에 재활 치료도 도움이 된다. 건강한 사람은 적절하고 규칙적인 운동으로 근력, 유연성, 평형감각, 심폐 지구력, 면역력을 유지할 수 있다. 그러나 퇴행성 질환이 있는 사람은 대부분 운동량이 부족하므로 더욱더 재활 운동이 필요하다. 그렇지 않으면 각종 기능이 퇴행하는 속도가 빨라진다. 거동이 불편해서 할수 있는 운동에도 제한이 있으므로 기계의 도움을 받거나 전문가가 알려주는 적절한 운동 방법을 따라야 한다. 필요한 경우 보조 기구를 활용해 기능을 향상시키는 것도 좋다. 재활로 수명을 연장하진 못할지라도 몸 상태가 비교적 좋은 시기는 늘리고 죽기 전 병상에 있게 될 시간은 줄일 수 있다.

어머니가 확진받은 달부터 나는 '소뇌실조증환우협회'의 고문을 맡았다. 내가 일하고 있는 중산 재활병원에서는 소뇌실조증 재활 치료 과정을 새로 꾸렸다. 이전에는 소뇌실조증 환자들이 여기저기 흩어져 있어 동병상련인 사람이 이렇게 많은지 몰랐다. 이들에게 재활이 필요한지도 몰랐다. 환자들은 일이나 학업을 지속할 능력이 없어져 일자리를 잃고 집에만 있었다. 자괴감으로 외출을 피하다보니 자연스레 운동 부족, 근력 부족으로 신체 능력은 급속히 퇴화되고 이 때문에 우울증을 앓기도 했다.

평소에 운동을 자주 안 하던 사람이 열심히 규칙적으로 운동하면 약 없이도 체력, 면역력, 수면의 질이 좋아질 뿐만 아니라 고혈압, 고혈당, 고지혈증이 개선되기도 한다. 재활 훈련을 안 받아봤거나 운동 부족인 소뇌실조증 환자들도 병원에서 재활을 받은 후 확연히 개선됐다. 재활 치료에는 근력, 유연성, 평형감각, 심폐 지구력을 향상시키는 과정이 포함돼 있다. 목표와 희망을 갖는 것이 중요하다. 그래야 기분도 좋아진다. 병원에서 나와 집으로 돌아간 후에도 반드시 운동을 유지하는 습관을 키워야 한다. 그러지 않으면 금방 원점으로 돌아가기 때문에 물리치료사는 환자들에게 늘 과제를 내준다. 꾸준히 운동하면 그 효과 덕분에 충분히 병의 악화 속도를 늦출 수 있다. 병세 악화가 어느 정도에 다다르면 다시 재활을 통해 새로운 운동을 하거나 보조 기구를 이용해야 한다.

어머니는 출산할 때 말고 병원에 입원한 적이 없고 평소에는 치과나 안과만 다녔다. 마흔여덟 살부터는 요가를 배우며 더 건강해졌다. 소뇌실조증 확진을 받은 후 장애 판정을 받을 때 외에는 신경과에도 다니지 않았다. 나는 어머니에게 재활을 권하지 않았다. 어머니가 매일 하는 운동량이 이미 재활병원에서 하는 것보다 더 많았기 때문이다. 요가는 그 자체로 근력, 유연성, 평형감각, 심폐 지구력을 키울뿐더러 호흡을 가다듬고 평정심을 되찾는 효과도 있다. 만일 발병 후에 요가를 시작했다면 다소 어려웠겠지만 운 좋게 어머니는 발병 전부터 훌륭하게 해오고 있었다.

더욱이 어머니는 의지가 강해 잠시도 쉬지 않고 매일 한 시간 반씩 요가를 했다. 비가 오면 집에서 하고 여행을 가면 호텔 방에서 했다. 다행히 규칙적으로 운동하는 습관이 일찍 몸에 배었기에 발병 시기를 분명히 늦출 수 있었다. 집에서 스스로 운동할 수 있으니 번거롭게 병원에 오가며 재활하지 않아도 됐다.*

소뇌실조증 확진 후 어머니는 나에게 말기에 떠나는 일을 도와달라고 한 것 말고는 전과 다름없이 생활했다. 장을 봐 요리하고 빨래하고 청소하고 중풍이 든 아버지를 돌보며(샤워와 옷 입는 것을 도와줬다) 혼자 갖은 일을 했다. 매일 새벽에 공원에서 아주머니들에게 요가를 가르쳐주기도 했다. 요가가 끝나면 산책로를 걸었다. 오전에 여유가 있으면 주식시장을 살펴보고 오후에는 낮

---

* 어머니는 발병 훨씬 전에 요가를 배웠다. 이렇게 건강 밑천을 잘 마련해두면 복을 받는다. 젊었을 때 나는 요가가 단순한 스트레칭이라고 오해했다. 그런데 나중에 1년 동안 직접 배워보니 요가가 심신의 균형을 돕는 종합 운동이라는 것을 깨달았다. 가볍게 스트레칭을 하는 것 같지만 근력이 충분히 뒷받침돼야 자세를 유지할 수 있다. 그래서 근력이 생긴다. 유연성은 당연하다. 동시에 호흡법과 고요한 마음은 자율신경계의 균형을 촉진시킨다. 요가를 한 시간 동안 하면 숨이 차고 땀범벅이 되는데 독소는 빠지고 심폐 기능은 향상된다. 서 있거나 걷지 못하게 되더라도 매트 위에서 계속 요가를 할 수 있다. 안전이 중요하므로 동작은 조금 변형해야 한다. 또한 끈기와 꾸준함이 전제돼야 한다. 우리 어머니는 이런 면이 강점이었다. 나는 어머니가 부단히 운동을 해온 덕분에 발병 시기도 늦고 악화 속도도 느렸다고 굳게 믿는다. 요가를 할 수 없게 된 후에 와르르 무너져 안타깝다. 어머니는 요가뿐만 아니라 공원에서 산책하고 체조하고 단전호흡을 했다. "만병통치약은 운동뿐이지 건강식품을 아무리 먹어도 소용없어"라고도 자주 말했다. 그래서 어머니는 건강식품은 챙겨 먹지 않고 자연식만 드셨다. 갖가지 인공식품은 전혀 입에 안 댔다.

잠을 잔 후 드라마를 봤다. 텔레비전에서 요리하는 법, 몸보신하는 법, 환경 보호 하는 법 같은 것을 배우고 저녁 8시쯤 토크쇼를 봤다. 목욕하기 전에는 카세트테이프를 들으면서 단전호흡을 했다. 수십 년을 한결같이 하다니 의지가 대단했다.

어머니가 나를 데리고 점을 보러 간 적이 있다. 점쟁이는 나를 보자마자 누가 함께하지 않으면 혼자서 운동을 안 한다고 했다. 어이가 없었다. 이게 운명하고 무슨 상관이 있담? 나는 나중에야 본인 의지로 규칙적인 운동을 하는 게 엄청난 강점이라는 것을 알게 됐다. 튼튼한 몸과 굳센 마음이 사람의 운명에 끼치는 영향은 정말 엄청나다!

어머니는 어릴 때부터 팔자가 안 좋아 고생에 익숙했다. 독립심이 강하고 쉬는 것을 못 참는 성격이었다. 손발이 빠르고 하던 일을 끝내면 앞에서 언급한 형식적인 일을 했다. 어머니는 집에서 남은 천(전에 옷을 만들다 남은 것이나 동생이 의류회사에서 가져온)으로 이것저것 만들었다. 티슈 케이스, 의자 커버, 쇼핑백, 오븐 장갑, 식탁보, 발 매트 같은 것으로 친한 친구에게 선물하거나 자선 바자회에 가져가서 팔았다. 큰 천이 생기면 옷을 만들어 언니, 이웃, 간호사 등 다른 사람에게 선물했다. 재봉틀을 만질 시간만 있으면 물 만난 물고기같이 성취감을 느끼며 즐겁게 일했다.

어머니가 주식을 할 줄은 몰랐다. 나는 재테크에 소질도 흥미도 없어서 주식을 하는 건 도박을 하는 거나 다름없다고 여겼다. 더구나 주변의 박사나 의사 선생님들이 주식으로 몇천만 위안이나 잃어 부부 사이가 안 좋아졌다는 말을 듣고 행여나 어머니가 힘들게 번 피 같은 돈을 잃을까봐 걱정돼 주식을 하지 말라고 계속 반대했다. 그런데 우리 큰아들은 어르신이 주식을 하면 머리를 쓰게 되고 생활이 무미건조해지지 않는다며 주식 이야기를 함께 나눴다. 어머니는 주식 수업을 듣거나 책을 사서 본 적이 없다. 텔레비전을 보며 분석하고 전문가의 의견을 들으며 실력을 갈고닦았다. 누구에게 돈을 빌리지 않고, 손해를 보더라도 팔지 않으며, 고리타분한 방식으로 주식을 하면서 30년 동안 자산에 0을 하나 더 붙였다.

어머니의 생활은 단순했다. 스스로 옷을 만들어 입고 시장에서 100~200위안어치 장을 보거나 내가 안 입는 옷을 리폼했다. 화장도 안 하고 액세서리도 안 걸치고 운동이 아니면 밖에 잘 나가지 않았다. 세끼를 챙겨 먹는 것 말고는 돈 쓸 일이 없었다. 번 돈을 꼬박 모아 자손들에게 집을 사줬다. 매년 고정적으로 불우이웃 단체에 돈을 기부하고 국내든 해외든 대재난이 있으면 못해도 5만 위안씩 기부했다. 퇴직한 노인이 이런 생활을 수십 년 유지하는 모습을 보며 나는 어머니의 마음이 따뜻하고 신세대 같다고 생각했다.

어머니의 다른 장점 중 하나는 환경 보호를 열심히 하는 것이다. 모든 비닐봉지나 종이봉투를 최대한 재사용하고, 재활용

가능한 것은 반드시 잘 분류해두었다가 사람을 불러 분리수거했다. 사용할 수 있는 물건을 절대 그냥 버리는 법이 없었다. 물이나 전기를 절약하는 일은 말할 것도 없다. 나는 어머니의 반 정도만 하는데 남편은 나보고 정신이 나간 정도로 환경 보호를 한다고 말한다. 나는 사람이 있는 방에만 불을 켜는데 남편은 집 안이 온통 밝은 것을 좋아해 가는 데마다 불을 켜놓는다. 그러다가 내가 발견하면 전기를 낭비한다고 잔소리한다. 지금은 남편도 많이 나아져서 잔소리하지 않고 대신 불을 꺼주기만 한다.

근검, 베풂, 환경 보호는 어머니가 나에게 가르쳐준 미덕이다.

어머니는 몇몇 노인들처럼 애들이 효도를 안 한다느니, 찾아오지 않는다느니, 돈이 부족하다느니, 여기저기가 불편하다느니, 하는 불평을 입에 달고 다니지 않았다. 소뇌실조증 진단을 받았다고 해서 한숨 쉬는 일도 거의 없었다. 가끔 앞으로 못 걷게 되면 어떡하냐고 걱정할 뿐이었다. 가장 큰 불평은 아버지의 잔소리와 통제에 대해서였다. 어머니는 나에게 정기적으로 전화를 하라거나 찾아오라고 하지 않았다. 무슨 일이 있으면 어머니가 직접 나에게 전화를 걸었다. 우리 둘은 대개 아버지가 어머니에게 잘못한 일에 대해 험담하며 한두 시간씩 통화했다. 그래서 나와 아버지의 사이는 갈수록 멀어졌다. 어머니는 모두 당신이 자주 불평하는 바람에 그렇게 된 거라며 자책했다. 그러면 나는 이렇게 말했다.

단식 존엄사

"괜찮아. 엄마가 나한테 말 안 하면 누구한테 말하겠어. 마음속에 담아두는 게 더 안 좋아."

집안일은 밖에 말해봤자 내 얼굴에 침 뱉기다. 장녀인 내가 어머니의 하소연을 주로 들어주기로 했다. 가끔은 책사가 되어 어머니를 위한 방도를 내놓기도 하면서 위로해드렸다.

"아버지는 어려서부터 애정 결핍이라 끊임없이 사랑에 목마른 거야. 아버지가 해달라는 것 중에 엄마가 할 수 있고 하고 싶은 것만 해줘. 못 하겠는 걸 억지로 하려고 하지 말고. 엄마가 얼마나 잘해주든 아빠한테는 부족하고 만족이 안 되니까."

그러면 남편이 옆에서 듣고 있다가 이렇게 말하곤 했다.

"왜 불난 집에 부채질이야. 장인어른도 안됐어. 장인어른을 환자처럼 생각하면 되잖아."

아버지를 안 지 몇십 년이 됐는데 엄마 마음속 응어리를 이렇게 모를 수 있단 말인가? 마땅히 어머니 이야기에 공감하며 화를 풀어줘야 했다.

2008년 우리가 네덜란드로 여행갔을 때 어머니는 이미 힘든 상태였지만 모든 집안일(청소는 사람을 불러서 했다)을 맡아서 했고 혼자서라도 중풍인 아버지를 돌봐야 한다고 우겼다.

2009년 5월에는 친정에 갔더니 어머니가 아버지를 휠체어에 태우고 타이완대학병원에 진료를 받으러 다녀왔다고 했다. 중간에 오르막길과 내리막길이 있어서 휠체어를 밀기 힘들어하자 아버지가 되레 휠체어 하나 제대로 못 미냐며 버럭 화를 냈다고 했다. 나는 울화통이 터졌다. 거실에 가니 아버지가 이어서 불평을 늘어놓았다.

"오늘 병원에서 수납하는데 계산을 틀리더라고. 난 룽민榮民인데 왜 일부를 부담해야 하냐고.* 네 엄마는 일 처리가 야무지지 않아. 제대로 말도 못 한다니까."

"그거 다 건강보험카드에 기재돼 있는데요. 접수대 직원이 못 봤겠죠. 사람이 실수할 때도 있잖아요. 엄마 탓하지 마세요!"

나는 굳은 얼굴로 톡 쏘아붙였다. 구구절절 어머니를 대변하자 별안간 아버지가 나를 노려봤다.

"너는 나랑 싸우려고 그 먼 길을 온 게냐?"

그러고는 이러쿵저러쿵 한 바가지를 쏟아냈다.

"나중에 내가 죽고 나면 넌 오지 마라. 눈물 한 방울도 흘리지 마!"

이런 말까지 들으니 나는 어떻게 반응해야 할지 몰랐다. 아버지는 계속 쏘아댔다.

"넌 날 미워하는 거 아니냐?"

"아니에요. 그냥 안타까워서 그러죠!"

타이중으로 돌아온 뒤 쉰넷인 나는 이 일을 이야기하며 남편

---

* 전역한 군인 중 특정 조건에 부합하면 보훈 수혜를 받는다. ─ 옮긴이

단식 존엄사

을 끌어안고 대성통곡했다. 이 눈물의 의미는 무엇이었을까? 아버지에게 불손했던 자책 때문에? 억울하고 화가 나서? 어머니를 동정해서? 내가 정말 아버지를 미워하나? 나는 이미 아버지에게 정이 다 떨어진 것 같았다. 차라리 감정이 없었으면.

한 달 후 나는 타이베이에서 이틀간 열리는 회의에 가야 했다. 이럴 때는 대개 첫날 밤에 친정집에서 잔다. 그런데 어머니가 말했다.

"너 안 오는 게 좋겠다. 아버지가 너한테 아직 화가 나서 매일 네 욕을 해."

이런! 어머니까지 끌어들이다니. 우리는 나중에 중정기념당에서 만나 산책을 했다. 어머니는 요즘 아버지를 씻길 때 넘어질까봐 걱정된다고 했다. 그제야 우리는 간병인을 쓰자는 말이 나왔다.

석 달 후 간병인이 오자 어머니는 이제 힘겹게 아버지를 돌보지 않아도 됐다. 집안일도 도와주는 분이 계셨다. 진작 이렇게 할걸. 글을 쓰다보니 마음이 안 좋다. 어머니가 확진을 받고 나서도 홀로 중풍이 든 아버지를 9년 넘게 돌봤다니. 나는 불효녀가 따로 없구나. 일찍이 어머니에게 뭐가 필요한지 알아봤어야 했다.

필리핀에서 온 간병인은 중국어를 잘 못했지만 아버지에게 대화 상대가 한 명 늘자 어머니는 많이 편해졌다. 아침 일찍 간병인이 요가 매트를 들고 공원으로 가면 어머니가 요가하는 동안 간병인도 함께 운동했다. 이제 어머니는 누구를 가르치지 못했기 때문에 혼자 했다. 병세가 악화된 후에는 집 앞에 있는 그늘진 평상에서 하다가 나중에는 집 안에서밖에 할 수 없었다. 매일 아침 일어나 먼저 한 시간 반 동안 요가를 하고 나서 아침을 먹었다. 날씨가 좋은 날 오후에는 공원에서 난간을 잡고 걷다가 스트레칭을 했다. 어머니 혼자 텔레비전에서 배운 것이다. 나는 난간 옆에 나란히 앉아 어머니가 운동하는 모습을 몇 번 본 적이 있다. 다안썬린 공원에 이런 시설이 있어 감사했다. 거동이 불편한 어머니가 매일 햇볕을 쬐고 신선한 공기를 마시고 새가 지저귀는 소리를 듣고 다람쥐와 꽃과 나무를 볼 수 있어 다행이었다.

한번은 어떤 아주머니 한 분이 난간 곁으로 와 어머니에게 물었다.

"혹시 예전에 저 나무 밑에서 요가하시던 분 아니에요? 그 물구나무서기 잘하시던 분 같은데."

"맞아요!"

"무슨 일 있으셨어요? 엄청 건강해 보이는데 왜 난간을 잡고 걸으세요?"

어머니는 아주머니에게 소뇌실조증 진단을 받은 이야기를 했다. 아주머니는 처음 듣는 병이라며 쾌유하라는 말을 건넸다. 어머니는 몹시 서글퍼했다.

자립심이 강한 어머니는 다른 사람에게 민폐 끼치는 것을 싫어한다. 당신의 자식일지라도 말이다. 아버지 생일이면 늘 나에게 용돈을 챙기고 전화를 드리거나 축하 모임 하는 걸 잊지 말라고 당부했다. 정작 어머니 생일을 우리는 자주 잊어버렸지만 어머니는 조금도 개의치 않았다. 어머니는 매일이 생일이라고 했다. 나에게 생활비를 더 달라고 하거나 같이 어디에 가달라고 한 적도 거의 없다. 나는 2012년에 퇴직했는데 조금 더 시간을 내서 어머니를 자주 모시고 다닐 걸 그랬다. '부모는 기다려주지 않는다'는 속담이 딱 맞다.

4장 재활과 열정적인 생활

5장

아버지의 영면, 어머니의 자유

우리 아버지는 1921년 중국 허난성에서 태어났다. 친부모 이야기는 자세히 모른다. 네 살 전에는 할머니와 함께 살았는데 할머니는 아버지를 무척 예뻐했고, 아버지는 늘 다리를 할머니 몸에 걸치고 잤다고 했다. 네 살 때 병이 깊어진 할머니 옆에 붙어 있다가 할머니 숨이 끊긴 것을 가장 먼저 알아챈 것도 아버지였다. 그 후로는 자기보다 몇 뼘이나 큰 빗자루를 들고 바닥을 쓸거나 걸상을 딛고 올라가 집안일을 하고 물을 끓여 밥을 지은 기억뿐이라고 했다. 집에 양어머니의 딸인 누나도 한 명 있었다. 정부가 친지 방문*을 허가하자 아버지는 서둘러 고향에 가봤지만 양어머니는 이미 안 계셨다고 한다. 아버지는 누나에게 물었다.

"왜 누나는 어렸을 때 내가 집안일 하는 걸 안 도와줬어? 왜 누나가 나를 돌보지 않고 오히려 내가 누나랑 엄마한테 밥을 차

---

* 양안 관계 문제로 한동안 중국 대륙에 방문할 수 없었다. ─ 옮긴이

단식 존엄사

려준 거야?"

　이런 이유로 우리 삼남매는 허난성에 있는 아버지 친가를 남처럼 생각해 가보지 않았다.

　아버지는 초등학교 졸업 후 집에서 나와 도시에 있는 학교 기숙사에서 지내며 일과 공부를 병행했다. 천주교 재단의 학교였는데 부설병원에서 잡일을 하며 먼 외국에서 온 선교사 의사가 중국에서 사람 살리는 것을 봤다. 그 참된 의사의 의술은 존경스럽기 그지없었다. 그런 의사를 보며 의사의 꿈을 품었다. 하지만 난세를 만나 날라리 학생으로 살다가 중국 십만청년십만군으로 입대하고 얼마 뒤에 중일전쟁에서 승리했다. 왜놈을 때린 적은 없으나 공산당 팔로군과 여러 번 싸웠다고 한다. 아버지가 나에게 해준 전쟁 이야기 가운데 포탄이 떨어진 구덩이에 숨어야 한다는 것이 특히 기억에 남는다. 왜냐하면 포탄이 같은 곳으로 다시 떨어질 확률이 낮기 때문이다. 아버지는 팔로군의 악행에 대해서도 종종 말해줬다. 공산당이 겁탈하고 약탈하는 장면을 묘사한 작은 만화책의 한 장면이 지금까지 생생히 기억난다.

　1949년 아버지는 국민당군이 타이완으로 철수함에 따라 이란 우제향에 있는 리쩌 초등학교에서 교편을 잡고 국어와 역사를 가르쳤다. 젊었을 때 아버지는 선생님이 제일 별 볼 일 없는 직업이라 생각해서 자기가 평생 교직생활을 할 줄은 몰랐다고 했다. 교사 월급을 받기 전에는 남에게 고개를 숙이기 싫어해 차라리 산나물로 끼니를 때우며 살았다.

아버지는 고졸이었다. 전쟁 탓에 학교에서 수업도 별로 못 들었다. 타이완에 왔을 때 이미 스물아홉 살이었지만 신분증은 실제 나이보다 여섯 살 적다. 계산해보니 아버지 삶에서 10년은 온데간데없었다. 말하진 않아도 고생깨나 했을 게 분명하다. 아버지는 2009년 출간된 치방위안齊邦媛의 『거대한 강巨流河』을 읽으며 눈시울을 붉혔다. 나도 그 책을 읽으면서 아버지가 살던 시대를 상상해봤다. 그러나 잔인무도한 문화대혁명을 피하고도 왜 그들은 여전히 전제주의적인 공산당이 통치하는 중국을 두둔하며 그가 수십 년 발붙인 타이완과 타이완 사람을 받아들일 수 없는지 이해할 수 없었다.

어렸을 때 나는 아버지가 대단하다고 생각했다. 옆 반 친구들도 말했다.

"너희 아빠 진짜 이야기 재미있게 하신다!"

하지만 아버지는 우리에게 이야기를 자주 해주지 않았다. 태풍이 오거나 정전이 됐을 때나 해줬기 때문에 모든 게 뒤섞여 기괴한 기억만 난다. 학교 선생님 중에서 사진작가와 동급의 최신 카메라를 가진 사람은 아버지밖에 없었다. 혼자 삼각대로 가족사진을 찍어주고 녹음기로 우리 소리를 녹음하기도 했다. 집에서는 라디오와 레코드판으로 중국 노래나 영화에 나온 「황매희黄梅調」를 틀어줬다. 아버지는 하모니카를 잘 불어 단순한 악보는 보자마자 정확하게 불 수 있었다. 내가 가장 많이 들은 것은 처량하고 비통함이 어린 곡이었다. "우리 집은 동북 쑹화강에 있네. 그곳 숲속에 탄광이 있지. 들판에는 콩과 수수가 있지······." 아버지는 독서를 좋아하고 글솜씨가 좋았으며 글씨를 잘 썼다. 아버지에 대해 말하다 보니 재주가 참 많았는데 시대를 잘못 타고나 안타깝다.

어렸던 우리 눈에 아버지가 가장 잘하는 일은 요리였다. 어머니가 재봉 일로 바쁘던 몇 년간 아버지가 요리를 담당했다. 콩나물볶음마저 맛이 기가 막혔던 기억이 난다. 나는 면을 먹으면 뾰루지가 나서 먹기가 두려웠지만 아버지가 충유빙과 참깨전을 만드는 모습이 어찌나 아름다웠는지 모른다. 아이 셋이 기대에 가득 찬 얼굴로 식탁에 빙 둘러앉아 아버지가 마술사처럼 밀가루를 반죽하고 반죽을 얇게 밀어 송송 썬 파를 넣은 다음 참깨를 뿌리는 과정을 지켜보던 장면이 아직도 눈에 선하다. 마름모꼴인 참깨전의 바삭함이 여전히 입안에 향긋하게 맴돈다.

하지만 아버지는 성질이 고약하고 엄한 부모였다. 매일 우리 삼남매를 꾸짖으면서 칭찬은 단 한 번도 한 적이 없다. 언젠가 옆반 친구가 말했다.

"너희 아버지가 오늘 수업 시간에 네가 공부를 잘한다고 칭찬하시더라!"

그 말을 듣고 얼마나 놀랐는지 모른다. 믿기 힘들었다. 성인이 된 나는 아버지가 그저 당신의 자식들이 공부를 잘한다고 자랑을 한 것이지 우리를 진정으로 칭찬한 게 아니었다고 생각했다.

크면서 우리와 아버지 사이는 점점 멀어졌다. 아버지는 우리 일기와 편지를 훔쳐보고 다른 가족 앞에서 우리가 적어놓은 내용에 대해 꾸짖었다. 내가 가장 심하게 반항하며 일기에 '아버지는 여동생을 예뻐하고 어머니는 남동생을 예뻐한다. 아무도 나를 예뻐하지 않는다. 나를 예뻐하는 사람이 없어도 상관없다. 나는 앞으로 스스로를 의지할 거니까'라고 써두기도 했다. 아버지는 내가 양심이 없고 다른 사람의 호의를 모른다며 호통을 쳤다. 결국 나는 그 페이지를 찢어서 나중에 내가 엄마가 되면 나에게 다시 보여달라고 했다. 아버지가 돌아가신 후 어머니는 그 일기를 나에게 건넸다. 괜히 싱숭생숭했다.

아버지가 돈을 잃어버린 적이 있다. 아버지는 우리가 훔친 것이 틀림없다고 여겨 반성문을 쓰도록 강요했다. 결국 돈을 찾았지만 아버지는 아무 일 없었다는 듯 행동했다. 우리가 쓴 반성문을 계속 가지고 있다가 툭하면 꺼내 아이들 말투로 쓴 반성문이 귀엽다며 생사람 잡은 일에 대해선 전혀 인정하지 않았다.

하루는 이사하느라 큰 가구를 옮기는데 어머니가 앞에서 들자 아버지는 성질을 냈다.

"앞에 있는 게 더 옮기기 쉽잖아. 어떻게 힘을 써야 되는지 모르냐!"

어머니가 뒤에서 들면 이렇게 말했다.

"뒤쪽이 더 쉬운데. 어쩜 매번 옮기는 일도 못 하는지!"

어머니가 요리하다 손을 다치면 아버지는 칠칠맞지 못하다며 혀를 끌끌 찼다. 그러면서도 본인이 걷다가 넘어지면 의기양양하게 다른 사람이었으면 다리가 부러졌을 거라고 말했다. 요약하자면 무슨 일이든 다른 사람은 안 좋게 말하고 당신은 늘 옳다고 했다.

내가 결혼한 후 어머니는 나에게 자신이 결혼생활을 하며 느낀 압박감과 모욕감에 대해 연신 하소연했다. 그제야 어머니가 자식들이 놀랄까봐 염려돼 우리 앞에서는 아버지와 싸우지 않았다는 사실을 알았다. 정말 화가 났을 때는 아버지와 말을 하지 않고 냉랭하게 지냈다. 젊었을 때는 생계를 위해 두 분 다 바빴기에 자주 충돌하지 않았다. 그러다가 아버지가 퇴직하고 자식이 줄줄이 집을 떠나자 어머니는 아버지와 함께하는 생활을 점점 버거워했다.

어머니는 사랑이 무엇인지 아무것도 모르던 열일곱 살에 결혼했다. 자신을 사랑해주는 사람과 결혼하면 행복할 거라 생각했다. 그러나 어릴 적부터 고생하다가 가장이 된 아버지는 자기만 아는 향락주의자가 되어 시간과 돈을 모두 본인의 취미생활에만 썼다. 그리고 소유욕을 드러내고 통제하는 방식으로 어머니에 대한 사랑을 표현했다. 어머니는 아버지를 무서워했기에 늘

먼 곳으로 가 숨으려 했다. 상대적으로 욕구불만이 생긴 아버지는 성질이 더 고약해지면서 악순환이 이어진 것 같다.

아버지의 횡포 때문에 어머니와 우리 삼남매는 극도로 기가 죽어 자신감도 배짱도 없었다. 다른 사람의 시선을 지나치게 신경 쓰고, 스스로 많이 모자란다고 여겼다. 우리 아버지 역시 어릴 때 사랑을 못 받았지만 지금은 오히려 본인이 괜찮은 사람이라 생각하고 아내와 자식들을 무시했다. 당신이 이 세상에서 제일 좋은 남편이자 아버지라며 이런 남편, 아버지는 눈을 씻고 찾아봐도 없다고 말하기 일쑤였다.

'고슴도치도 제 자식은 예쁘다'라는 말이 있지만 아버지는 정반대였다. 내가 집에 친구를 데리고 오면 아버지는 친구를 예뻐했고, 친구가 자기 집으로 돌아가고 나면 나에게는 욕지거리를 했다. 앉은 자세도 나쁘고 서 있는 자세도 이상해 속이 빈 옷걸이 같다는 유의 말을 들었다. 미국 유학을 끝내고 돌아온 남동생 비헝다畢恆達에게 강연을 부탁하는 전화가 많이 왔는데 아버지는 그때마다 코웃음을 쳤다.

"누가 너한테 강연해달라고 하냐?"

전에 남동생이 페이스북에 이런 글을 썼다.

'어릴 적에는 말실수해서 혼날까봐 두려웠다. 그래서 먼저 머릿속으로 어떤 말을 해야 할지 연습한 뒤에 내뱉어야 했다. 그런데 속으로 한번 말하고 나면 말하기 싫어지곤 했다.'

그 글을 보자 마음이 일렁였다. 밖에서 청산유수처럼 말을 잘하는 동생이 집에서 말을 아낀 데에 그런 이유가 있었다니!

남편은 우리 아버지가 열등감이 심하고 안정감이 없어 자신을 부풀리는 성향이 생긴 거라고 했다. 남편은 우리 아버지를 불쌍히 여겼다. 유년 시절의 상처로 인해 이런 안 좋은 성향이 생겨 가족들과 가까이 못 지내는 것이라며, 내가 아버지를 환자로 생각하고 성격적 결함을 포용해주기를 바랐다. 최근에 나는 심신테라피 수업을 통해 스스로의 상처를 들여다보지 않고 자신을 사랑하지 않으면 아버지를 포용하고 이해할 수 없다는 것을 깨달았다. 내가 나의 상처를 치료하기 전에 아버지가 세상을 떠나신 게 아쉬울 따름이다.

아버지가 우리 다섯 식구는 다 좋은 사람인데 정이 없어 아쉽다고 한 적이 있다. 나는 맞받아쳤다.

"아니에요. 우리 사이 좋은데요!"

그러자 아버지는 바로 손가락을 내밀어 엄지손가락과 나머지 네 손가락 사이를 떨어트렸다. 나는 문득 아버지의 처량한 심정이 와닿았다. 하지만 억지로 위로의 말을 꺼내진 않았다.

정말로 그랬다. 우리 어머니와 세 남매는 한편이었다. 우리 넷은 아버지가 두려워 아버지로부터 멀찍이 떨어져 있었다. 나는 친정에 오면 아버지와 인사만 나누고 곧장 어머니의 재봉실로 들어가 수다를 떨었다. 남동생도 밖에 나갔다가 아버지가 부르면 얌전히 서서 아버지의 말을 경청할 뿐 말에 끼어드는 법이 거의 없었다. 그래도 여동생은 매주 집에 와 두세 시간 동안 아버지의 말동무가 되었다. 삼남매 중 가장 효심이 지극하다며 어머니는 이렇게 말했다.

"네 동생 말이야. 네 아버지가 말하길, 아버지가 까만 양을 하얀색이라고 하면 네 동생은 분명 그 양이 하얀색이 맞는다고 할 거래."

하지만 아버지는 여전히 세 남매는 불효자에, 아내하고도 안 친해서 외로운 늙은이라고 불평했다. 아버지 말이 맞았다. 하지만 우리를 멀리 밀어버린 사람은 다름 아닌 아버지라는 사실을 당신만 모르는 듯했다.

한 번은 아버지가 집 안에 터놓고 말할 상대가 하나도 없다며 탄식했다. 나는 속으로 쓴웃음을 지은 채 아무 말도 하지 않았다. 집에서 우리가 뭐라도 하면 혼만 나고, 모두 아버지 말대로 따라야 하며, 절대로 이견을 가져서는 안 되는데 어떻게 터놓고 말을 한단 말인가? 여기까지 쓰다보니 마음속에 미묘한 슬픔이 깃든다. 지금 아버지의 일생을 돌아보면 아버지에 대한 공포나 원망은 이미 반쯤 사라지고 연민이 생긴다.*

아버지는 혈혈단신 타이완에 와 곁에 친척이라곤 아무도 없었다. 집에 조상 위패도 없어 향을 피우고 기도를 한다거나 성묘를 가거나 제사를 지낼 필요가 없었기에 전통적인 속박이 별로

단식 존엄사

없었다. 아버지는 죽음 이야기를 자주 꺼내곤 했는데 사고가 매우 개방적이었다. 중풍이 든 후에는 거실에서 20년을 붙박여 지냈다. 초기에는 서예를 하기도 했는데 나중에는 텔레비전을 보거나 독서만 했다. 『삶과 죽음을 바라보는 티베트의 지혜』 『신과 나눈 이야기』 『전세와 현생前世今生』 같은 책을 유독 열심히 읽으며 빨간펜으로 밑줄을 긋고 책 귀퉁이에 메모도 했다. 닥치는 대로 독서하는 일은 아버지의 노년에 있어 가장 큰 낙이었다. 남동생은 아버지에게 책을 사다주는 것으로 효도했다. 아버지의 취향을 어떻게 파악했는지 몰라도 동생이 사온 책을 모두 좋아했다. 아버지는 늘 자신만만하게 자기는 나중에 자다가 죽을 거라고 했다. 어머니는 반신반의하며 만약 그렇게 된다면 아버지가 남

---

* 아버지는 네 살 전까지 할머니에게 사랑받았지만 할머니가 돌아가신 후 학대받는 소년공으로 살며 양어머니와 누나의 시중을 들었다. 양어머니가 본인의 딸을 편애해 아버지는 불공평하다고 생각했다. 그래서 초등학교 졸업 후 진정한 고아가 되어 집을 떠나 혼자 전력을 다했다. 어떤 고난이 있었는지는 표현하지 않았지만 아버지는 어머니처럼 사랑받은 적 없는 깊은 '유년 시절 트라우마'가 있었다. 하지만 아버지는 딱딱한 갑옷으로 스스로를 포장하고 자신이 강하다고 믿었다. 사실 아버지의 내면에는 메울 수 없는 깊은 구멍이 있었다. 자신만의 세계에 살며 가족에게 사랑을 표현하지 못했고 자연히 사랑도 못 받았다. 아버지는 '정서적 핍박'을 통해 일시적으로 감정을 배출했다. 그렇게 어머니를 점점 더 멀어지게 했으며 동시에 아버지의 결핍도 갈수록 심해졌다. 아버지 마음속에 장애가 있는 것은 이해하지만 나 역시 피해자이자 어머니를 동정하는 사람으로서 아버지에게 자애롭지 못했다. 우리 삼남매는 심각한 '유년 시절 트라우마'가 있는 부모로부터 훈육받으며 컸다. 어린 시절의 상처에도 불구하고 착하고 성실하며 책임감 있고 가족을 사랑하는 사람으로 자랐으니 부모의 키워주신 은혜에 보답한 것 아닌가! 우리에게 잘해준 가족들과 부모님 은혜에 감사드린다.

긴 예금 전액을 자선단체에 기부하기로 부처님과 약속하겠다고
했다.

아버지가 아흔둘이던 2012년 12월, 나는 이른 아침 어머니의
전화를 받았다. 아버지가 새벽 내내 불편해하며 죽을 때가 됐다
고 말했다는 얘기를 듣고 달려갔다. 예전에도 몇 번 그런 말을 했
으나 어머니는 대수롭지 않게 여겨 우리에게 알리지 않았는데
이번에는 진짜인 것 같아 우리를 빨리 오라고 부른 것이다. 아버
지는 바로 전날까지 여동생과 차분히 두 시간 동안 이야기하고
식사도 혼자 할 수 있을 정도로 정정했다. 노인이라 먹는 양이 워
낙 적어 혹시 탈수가 온 건 아닌가 싶어 나는 수분을 보충해드
리려고 수액을 사러 약국에 갔다. 그런데 약국에서 나와 차에 타
기도 전에 어머니로부터 전화가 왔다. 아버지가 자리에서 일어나
화장실에 갔다가 아침을 못 먹어 피곤하다며 다시 눕더니 몇 분
지나지 않아 호흡을 멈추고 영면에 드셨다고 한다.

어떤 일이 있어도 구급차를 불러 병원으로 데려가지 말라고
생전에 신신당부한 덕분에 아무 고통 없이 떠나셨다. 그러지 않
았다면 오밤중 불편한 채로 응급실에 실려가 얼마나 괴로웠을
지! 피곤한 것은 말할 것도 없고 수액을 맞고 피를 뽑고 엑스레이
를 찍었을 텐데. 임종 직전에 놓인 사람은 매우 민감하기 때문에
들것에 실려 엎치락뒤치락 왔다 갔다 하며 이쪽을 묶고 저쪽을
찌르는 일은 그야말로 고통이다. 수액을 맞아봤자 임종 과정만

길어질 뿐 오히려 해롭다. 병원에서 임종하면 여덟 시간 동안 그대로 있을 수도 없기에 영혼이 망가진 육신으로부터 홀가분하게 벗어나기 어렵다.*

아버지는 당신의 침대에 누워 몸에 어떤 튜브나 상처 없이 눈을 감으셨다. 나와 여동생은 곁에서 번갈아가며 『반야심경』을 여덟 시간 동안 읽어드렸다. 아버지가 부처님을 따라 서방 극락 세계로 갈 수 있도록 조념염불을 했다. 아흔둘 고령의 아버지가 떠난 것은 가족에게 자연스러운 일이었기에 눈물을 흘리지 않았다! 어머니는 이 때문에 웃음거리가 됐다(어머니는 곡소리 내는 것이 예로부터 내려오는 예절이라고 했다). 나는 요즘 시대에는 억지로 연기할 필요가 없으니 자연스레 행동하면 된다고 했다. 2년 넘게 아버지를 돌본 외국인 간병인은 수차례 끅끅 흐느꼈다. 타이난 사람인 제부는 대문을 들어오다가 무릎을 꿇고 털썩 엎드려 '장인어른, 장인어른!' 하고 울부짖었다. 두 사람의 진심이 느껴졌다. 아버지는 우리보다 간병인에게 더 잘해줬다. 간병인에게 일 시키기 미안해하며 나긋하고 조심스레 말하곤 했다. 생일에는 용돈도 두둑이 주는 것을 보고 여동생이 말했다.

"와, 나는 평생 아빠한테 생일 선물 받은 적 없는데!"

그날 저녁 장례식장으로 이관한 후 위패를 안치했다. 매일 직

---

* 중화권에서는 임종 후 영혼이 천천히 육신을 떠나기 때문에 여덟 시간 동안 시신을 움직이면 안 된다는 풍속이 있다. ─옮긴이

원이 향을 피우고 바이판拜飯* 준비를 도와줬다. 남동생은 시간이 있을 때마다 들러 직접 향을 피웠다. 칠재 날, 거사님** 주도 아래 우리는 향을 피우고 독경했다. 영결식 날에는 우리 가족만 있었지만(친척에게 알리지 않았다) 작은 빈소를 차렸다. 적잖은 꽃을 준비하고 지전을 많이 태웠다(환경 보호를 열심히 하는 어머니는 모두 지켜보고 있었다). 영정 사진 속 아버지가 유달리 인자해 보였다. 나는 진심을 다해 독경하며 아버지가 평안히 가시기를, 나중에 좋은 가정에서 환생해 학대받지 않고 좋은 책을 많이 읽을 수 있기를 바랐다.

'관을 보기 전까지 눈물을 흘리지 않는다'라는 말이 있다. 의식 마지막에 입관할 때 평온한 아버지의 얼굴을 보고 여동생이 훌쩍였다. 나도 눈가가 뜨거웠다. 화장장에서 관이 화장로로 들어가는 것을 보며 거사님이 말했다.

"아버님, 불길이 타오르니 얼른 뛰어가소서. 마음 놓고 부처님 따라가소서!"

처량한 장면에 울음이 터져나왔다. 아버지의 영정 사진도 함께 화장했다. 아무도 집에서 불시에 아버지를 보고 싶어하지 않을 정도로 우리는 아버지를 두려워했다.

---

* 생전에 웃어른이 수저를 먼저 든 후에 아랫사람이 식사하던 습관대로 어른이 돌아가신 후에도 매일 아침저녁으로 식사를 준비해 위패 앞에 상을 차린다. ─ 옮긴이
** 출가하지 않고 집에서 수양하는 수행자. ─ 옮긴이

이어서 남동생이 유골을 받쳐 들고 우리는 곧장 공립 수목장으로 갔다. 사방이 탁 트이고 경치가 아름다웠다. 우리는 아버지가 안치될 곳으로 푸른 산을 마주하고 있는 장소를 골랐다. 빨간색 종이봉투에 담긴 유골을 나무 밑에 묻었다. 1년이 지나면 흙으로 돌아가 다른 사람 유골을 묻을 수 있다. 집 안에 위패를 모시지 않고, 자손이 성묘하거나 제사 지낼 일이 없도록 사후 뒤처리는 아버지가 살아 계실 적 했던 분부대로 했다.

아버지는 자연사하셨기에 어머니는 전에 약속한 대로 아버지의 예금을 세 남매의 이름으로 자선단체에 기부했다. 그리고 어머니도 잠자리에서 편안히 세상을 떠나게 되면 돈을 두 배 기부하겠다고 했다.

아버지가 세상을 떠난 지 사흘째 되는 날 나는 어머니에게 전화했다.

"엄마, 아버지랑 사이가 좋지는 않았어도 집에 갑자기 한 명이 없어지니까 좀 쓸쓸하고 적응 안 되지?"

어머니의 대답은 의외였다.

"어제 오후에 다안썬린 공원에 가서 운동하고 4시 반쯤 서둘러 집에 왔거든. 근데 문을 딱 여니까 네 아버지가 거실에 없는 거야! 그제야 아, 맞다. 그 양반 떠났지. 드디어 자유를 얻었구나, 싶더라고. 그래서 오늘은 운동 끝나고 친구랑 수다도 떨었잖니. 집에 오고 싶을 때 오면 되니까 어찌나 신나던지. 내가 여기저기 못 다니니 좀 아쉽지만."

이미 소뇌실조증이 발병한 지 12년이 됐을 때라 매일 요가를 하고 난간을 잡고 걸으며 단전호흡을 했지만 장거리를 가려면 휠체어가 필요했기에 어머니는 밖에 나가는 일에 흥미를 잃었다.

재활과에 다니는 환자 대부분이 평생 휠체어 생활을 해야 한다. 스스로 휠체어를 밀려면 힘이 들고 기술이 필요하다. 나는 휠체어를 타도 간병인이 도와주면 이동하는 게 수월할 줄 알았으나 어머니는 고생이라고 했다. 왜냐하면 타이완 필로티*는 오르락내리락하고 도로 높낮이도 제각각이며 각종 장애물이 있어 휠체어가 흔들리기 때문이었다. 어머니는 남동생의 타이완대학 교직원 기숙사에서 지냈다. 대학 캠퍼스와 가까워 어머니 휠체어를 밀고 캠퍼스에 가서 진달래 구경을 할 수 있으니 간병인은 기뻐했다. 하지만 어머니는 이제 안 가겠다고 했다. 이 심정은 직접 경험해본 사람만이 이해할 수 있을 것이다.

우리는 어머니를 모시고 국내 여행을 짧게 갔다 오려고 했지만 어머니는 거절했다. 화장실을 포함해 집 안 곳곳에는 여기저기 난간이 있는데 호텔에 묵으면 다른 사람에게 민폐를 끼친다는 것이다. 나는 어머니를 타이중으로 모시고 와 지내시게 한 적도 있다. 그때도 어머니는 하루가 일 년 같고 적응이 안 된다고

---

* 타이완 대로변에 있는 건물은 대부분 필로티 구조로 되어 있어 사람들이 그 아래로 걸어 다닌다.—옮긴이

했다. 욕실이 너무 커서 집에서처럼 변기에 앉아 샤워할 수 없으니 오히려 불편하고, 욕실 문이 작은 탓에 휠체어가 못 들어갔다. 텔레비전 리모컨도 익숙지 않아서 보고 싶은 프로그램 찾기가 힘들다고 했다. 책을 읽는 것 역시 집에서처럼 편하지 않아 하루가 길게 느껴진다며 사흘 후에 타이베이로 돌아갔다. 우리 빌라는 어머니의 아파트보다 훨씬 널찍하고 안락했으나 어머니에게는 호텔처럼 느껴진 듯했다. 아무리 좋은 호텔이라도 오래 묵는다고 해서 자기 집처럼 편안하고 익숙해지지는 않기 마련이다. 하루 이틀 묵을 때는 새롭지만 오래 지내면 견디기 힘들다. 그래서 많은 사람이 보금자리를 떠나기 싫어하는 것 아닐까.

사주 선생님이 아버지는 100세까지, 어머니는 83세까지 산다고 말한 적이 있다. 아버지가 어머니보다 열일곱 살 연상이니 두 분이 같은 해에 떠난다는 말이었다. 어머니는 그 말을 듣고 실망의 기색을 감추지 못했다. 전생에 아버지에게 큰 빚을 지는 바람에 이번 생에 죽을 때까지 갚아야 하는 거 아니냐며 절망했다. 아버지가 8년 일찍 세상을 떠나 어머니가 이렇게 홀가분하게 주체적인 삶을 살게 될 줄이야. 어머니는 이 점을 아버지에게 깊이 고마워했다.

6
장

간병인과 함께하는 나날

아버지가 돌아가시고 어머니는 한평생 처음으로 집주인이 되어 매사 다른 사람 눈치를 보지 않아도 됐다. 남동생과 외국인 간병인이 함께 살았지만 남동생은 매일 아침 일찍 나가 밤늦게 귀가했다. 돌아와도 몇 마디 하지 않았고 가끔 영화나 같이 봤다. 그래서 외국인 간병인과 밤낮없이 함께하는 생활이 시작됐다.

첫 번째 간병인은 필리핀에서 온 분으로 간단한 중국어만 구사할 수 있었다. 됨됨이가 괜찮았으나 조금 게으른 편이었다. 다행히 그때 어머니는 스스로 어느 정도 생활이 가능해 외출할 때만 간병인의 도움이 필요했다. 간병인은 싹싹하지도 일을 잘하지도 않았기 때문에 여러 번 알려줘야 했다. 성미가 급하고 손이 빠른 어머니와는 정반대였다. 그래서 어머니는 간병인을 재촉하거나 다그치는 일이 잦았고, 결국 간병인이 어머니를 무서워하며 둘은 자연스레 거리를 두게 됐다. 세상에 완벽한 사람과 일은 없는 법이다. 간병인은 잘못한 적도 없고 요리도 어머니 입맛에 맞게 해줬으니 나로서는 고맙기만 했다.

어머니는 꾸준하게 매일 두세 시간씩 운동했다. 시간이 나면 재봉틀을 돌리고 텔레비전을 보며 알차게 지냈다. 가끔 친구가 집으로 놀러 오거나 모임을 하기도 했다. 여동생은 한결같이 매주 한 번씩 방문해 일상에서 필요한 부분을 채워줬다. 나는 평균 한 달에 한 번 정도 친정에 갔다. 어머니는 무슨 일이 있으면 나에게 의논하거나 하소연했기에 통화는 자주 했다. 이렇게 4년이 순탄하게 지나갔다.

4년 후 우리는 새로운 간병인으로 손이 빠르고 중국어를 잘하는 인도네시아인을 만났다. 여동생이 원래 알던 분이라며 추천했다. 두 가지 장점에도 불구하고 어머니는 여전히 성미가 급했다. 간병인은 어머니와 이야기할 때 외에는 다른 방에 들어가 일하거나 휴대폰을 봤다. 여동생이 오면 같이 재봉실에 들어가 하하호호 끝없이 수다를 떨었다. 어머니가 간병인이 자신을 무시한다고 생각하길래 내가 여동생에게 말해줬다. 그러자 여동생은 간병인이 어머니를 무서워해 친해지기 어려워한다고 했다. 나는 어머니의 심정을 이해할 수 있었다. 간병인이 먼저 적극적으로 어머니에게 필요한 것은 없는지 살피지 않거나, 불렀는데 반응이 없으면(못 들을 때도 있다) 다른 사람에게 일을 잘 못 시키는 어머니 성격상 심기가 불편했을 것이다. 누구의 문제가 아니라 손발이 안 맞아 못 친해졌을 뿐이다. 어머니가 매일 이런저런 일을 하기는 했지만 적적하고 외롭지 않았을까?

　외국인들은 간병 교육을 받을 때 몇 가지 규율을 지키라고 배우는 듯하다. 예컨대 같은 밥상에서 함께 식사하지 말라는 것들 말이다. 우리는 개의치 말라고 했지만 간병인은 끝까지 거절했다. 생각해보니 간병인이 불편할 수도 있을 것 같아 더 이상 강요하지 않았다. 이 일로 미루어보면 사실 간병인과 돌봄을 받는 사람은 주종 관계라는 것을 알 수 있다. 간병인이 벗이 되기를 기대하기란 선천적으로 어렵다. 언어와 문화 장벽까지 있으니 말이다. 현대 사회에서 노인 곁에 함께 있는 사람이 대부분 간병인뿐이라니 참으로 쓸쓸한 일이 아닐 수 없다.

　옛날 옛적에는 3, 4대가 한 집에 옹기종기 모여 살며 사람들이 들락날락했다. 특히 아이가 있는 집은 웃음이 끊이지 않았으니 노인들이 더 보람차고 활력 넘치게 살지 않았을까? 이제 그 시대로 돌아갈 수 없어 아쉽다.

　앞서 말한 몇 가지 문제는 어머니가 스스로 할 수 있는 일이 점점 줄어들면서 더 심각해졌다. 전에는 외출할 때만 다른 사람의 도움이 필요하고 집에서는 혼자 자유자재로 움직일 수 있어 누군가를 부를 일이 별로 없었다. 하지만 걸을 때도 보조 기구가 필요해지자 의자에서 일어날 때마다 누군가가 도와줘야 했다. 노인은 소변을 자주 보고 변비에 걸리기 쉬운데 어머니는 매번 다른 사람을 부르기 불편해했다. 병세가 악화되며 보행보조기를 사용했음에도 잘 넘어져 집에서 휠체어를 타야 했다. 움직일 때마다 간병인이 안아서 들어 올리거나 내려놔야 했으며 샤워할 때나 옷을 갈아입을 때도 도움이 필요했다. 화장실에서 바지를 벗고 입는 것도 도움이 필요했으나 어머니는 자존심 때문에 끝까지 거절했다. 나는 안전이 최고라며 넘어지면 큰일 난다고 했지만 어머니는 버틸 수 있을 때까지 버티다가 타협했다.

손동작이 갈수록 불안정해지자 밥을 먹다가 바닥에 떨어트리기 일쑤였다. 어머니에게는 '밥 먹고 화장실만 가고 무슨 일이든 다른 사람 도움이 필요하니 쓸모없는 인간 같다'는 부정적인 생각이 싹트기 시작했다. 계산해보니 매일 아침 일어나 화장실에 가고, 방바닥에서 요가하고, 바닥에서 일어나 휠체어에 앉고, 거실에 가고, 점심을 먹고, 낮잠을 자고, 계단 오르는 연습을 하고, 저녁을 먹고, 샤워하고, 침대에 눕고, 새벽에 화장실에 가는 것까지 매일 10~20번은 다른 사람의 도움이 필요했다. 어머니는 자존심이 무척 상했을 것이다. 간병인은 힘이 세고 경험도 많은 편이었지만 혹시 어머니를 떨어뜨릴까 부쩍 긴장했다. 자리를 옮길 때 긴장한 기색이 역력했다.

변비로 고생하던 어머니는 조절 약을 먹어야 했는데 괜찮아졌다가 다시 나빠지길 반복했다. 한번은 변기에 앉은 채, 간병인에게는 가서 할 일 다 끝내고 와서 도와달라고 했다. 간병인은 어머니가 도움이 필요할 때 부를 줄 알았는데 일하느라 바쁜 간병인을 부르기 미안했던 어머니는 30분을 앉아 있었다. 다리에 쥐가 나 견디기 힘들자 간병인을 큰 소리로 불렀다. 간병인은 부랴부랴 달려와 말했다.

"아이고, 왜 일찍 안 부르셨어요?"

화가 나 있던 어머니는 자신을 탓하는 듯한 말투에 설움이 폭발해 눈물을 한 바가지 쏟아냈다.

"내가 이번 생에 대체 뭔 죄를 지었냐? 왜 이런 병에 걸려서 이런 고통에 시달려야 하냐고!"

간병인은 깜짝 놀라 그 후로 더 조심스러워졌다. 간병인에게 악의가 없었던 것을 안다. 환자가 예민하다는 사실을 우리는 놓치곤 한다. 전적으로 간병하는 일은 자식들일지언정 누구나 해낼 수 있는 일이 아니다.

어머니는 야뇨증 때문에 수면에 방해를 받아 숙면하지 못했다. 그나마 진정제가 도움이 됐지만 조금 개선되는 정도였다. 이 점도 어머니를 힘들게 했다. 깊이 잠든 간병인을 보면 깨우기 미안해 뜬눈으로 밤을 지새우며 참았다. 모두가 잠에 곯아떨어진 깊은 밤에 나 홀로 깨어 잠 못 든 채 가만히 있으면 시간이 더 늦게 가는 듯하고 얼마나 견디기 힘든지 모른다. 우리와 간병인은 어머니에게 깨워도 괜찮다고 했다. 간병인은 일어나 일 처리를 한 뒤 다시 눕자마자 잠들었지만 어머니는 한결같았다. 간병인은 젊어서 잘 잤지만 노인은 일찌감치 일어난다. 때로는 서너 시에 일어나 째깍째깍 느리게 가는 시계를 보며 6시가 돼서야 간병인을 깨웠으니 어머니는 자는 일이 괴로워졌다. 이런 고충을 또 누가 이해할 수 있을까.

뇌중풍에 걸린 어떤 사람이 한동안 간병인의 도움이 필요했다고 쓴 글을 신문에서 본 적이 있다. 그 사람은 간병인이 머리를 빗겨주는 게 청소하고 걸레질하는 일과 다르지 않아서 특별히 감사한 마음이 생기지 않았다고 했다. 나는 그 글이 아주 감명 깊었다. 간병인이 아니라 자신의 가족이라고 해도 사랑으로 끈기 있고 세심하게 하지 않는다면 테이블을 닦듯이 가족의 얼굴을 거칠게 닦아주며 돌봄받는 사람의 감정에 공감 못 할지도 모른다. 만약 양치를 도와준다면 더 힘든 일일 것이다. 긴 병에 효자 없다는 말처럼 장애가 생긴 사람을 오래 보살피는 것은 간병하는 사람에게나 간병받는 사람에게나 힘든 일이다. 인간관계는 쌍방향인 법인데 아무런 관계도 없는 다른 언어와 문화를 가진 사람 중에서 이상적인 누군가를 만나는 일은 그저 운에 달려 있다. 상대에게도 그럴 것이다. 외국인 간병인이 고향을 등지고 홀로 타이완에 와 우리 가족을 돌봐주는 것이 나는 감사할 뿐이다.[*]

우리 시아버지는 치매에 걸려 12년 동안 와상생활을 하며 외국인 간병인 다섯 명을 고용했다. 돈을 훔친 사람, 도망간 사람, 힘든 일은 안 하던 사람, 하는 척만 하던 사람을 거쳐 마지막으로 드디어 좋은 분을 만났다. 그분이 부지런히 시아버지의 몸을 뒤집어 가래 빼는 일을 도와준 덕분에 얼마 지나지 않아 석션도 산소호흡기도 필요 없어졌다. 열도 자주 안 나 소염제나 링거를 맞지 않아도 됐다. 욕창 방지용 에어매트가 고장 나서 욕창이 생겼는데 아무도 눈치채지 못한 적이 딱 한 번 있었을 뿐이다. 간병인은 키도 제일 작고 나이도 제일 많았지만 제일 열심이었다. 시아버지에게 합병증이 없어 돌봐드리는 일이 수월하기도 했다. 우리 가족은 감지덕지해 간병인에게 잘해주었을 뿐만 아니라 경제적으로도 간병인의 가족을 도왔다. 그런데 아흔에 가까운 연로한 시어머니가 잠시 판단이 흐려져 간병인이 금붙이를 훔쳐 갔다고 의심한 나머지 간병인에게 상처를 준 적이 있다. 우리 모두 간병인을 굳게 믿고 응원해줘서 그나마 다행이었다.

외국인 간병인 제도가 생긴 뒤 우리 집에서는 친정과 시댁 어른 네 분 모두 외국인 간병인의 도움을 받았다. 그래서 자녀들이

---

* 좋은 간병인을 만나는 일은 운에 맡겨야 한다. 간병인이 좋은 환자를 만나는 일은 더욱 운이 좋아야 한다. 재활학과에서 일하며 매일 여러 외국인 간병인이 왔다 갔다 하는 것을 본다. 가끔 간호사로부터 어느 간병인이 학대를 받았다거나 남자 환자가 여자 간병인을 성추행했다는 이야기를 듣는다. 반대로, 앞에서는 괜찮은 체하며 뒤로는 환자에게 잘 못하는 경우도 있다. 손아랫사람은 대부분 간병인에게 잘해주지만 보수적인 어르신들은 주종 관계라는 관념이 뿌리박혀 있다. 그리고 집 안에 남이 들어오는 것을 못 참는 어르신도 있다. 아니면 젊은 여자 간병인이 남편을 돌보는 것을 질투하는 부인도 있다. 8시에 하는 막장 드라마같이 말이다. 그런데 아무 연고도 없는 외국인 간병인이 먼 곳에 와 우리 가족을 돌봐준다는 것이 얼마나 깊은 인연인가. 그러므로 손아랫사람으로서 진심으로 배려하고 소통을 돕는 양쪽 중재인이 돼야 한다고 생각한다. 이러한 과정도 큰 공부이니 겸허히 배워야 한다.

단식 존엄사

훨씬 편해졌지만 효도할 기회가 상대적으로 줄었다. 솔직히 말하면 할 수 없는 건 아니었는데 누군가가 돌보고 있으니 절실함이 사라져 나태해졌다. 아버지가 돌아가신 후에 나는 이미 반쯤 퇴직한 상태였다. 그때 고속철도도 생겨 실은 더 자주 어머니를 찾아뵐 수 있었으나 타이베이에 일이 있을 때만 가는 김에 친정에 들르곤 했다. 나는 손주가 생긴 후에 손주에게는 먼저 나서서 친해지려 했지만 부모님에게는 그 정도의 열정이 없었던 것 같다. 부모님이 살아계실 때 효도를 다해야 한다. 후회되지만 이것이 인간의 본성이다. 자신의 생활을 잘 안배해 주체적으로 살아야지 자식을 키워 노후를 대비하려고 하거나 자식에게 의지하지 말자고 다짐했다.

아버지가 돌아가시고 어머니는 심적으로 자유를 만끽했지만 육체적으로는 자유를 잃어 간병인과 함께해야 했다. 생각하니 마음이 몹시 쓰라리다.

7장

스스로 선택한 존엄사

어머니는 상황이 안 좋아지면 떠날 수 있게 도와달라고 발병 초기부터 당부했었다. 이 말이 머릿속을 계속 맴돌았다. 가족 모두 알고 있었기 때문에 의사인 우리 장남도 이 이야기가 나올 때면 "우리가 도와드릴 테니까 걱정 마세요!"라며 어머니를 달래줬다. 어머니는 나에게 이 말을 여러 번 되풀이하곤 했다. 나는 그리 쉽지 않다는 것을 알았지만 이렇게 된 이상 위로해드릴 수밖에 없었다.

2019년 병세가 급속도로 악화되자 어머니는 빠른 시일 내에 벗어나고 싶다는 소원을 자주 말했다. 안락사에 대해 이야기하던 중 어머니는 타이완에서 '조력 존엄사'가 합법이 아니기 때문에 푸다런 선생이 바다를 건너 스위스에 가서야 합법적으로 의료인의 도움을 받아 약물로 자신의 고통스러운 삶을 끝낼 수 있었다는 사실을 알게 됐다. 어머니는 우리에게 불법적인 방법으로는 떠나고 싶지 않다고 했다. 그런데 어떻게 고통스럽지 않게 인간 세상을 떠날 수 있단 말인가?

나는 2014년에 일찌감치 나카무라 진이치의 『편안한 죽음을 맞으려면 의사를 멀리하라』를 읽었다. 그 책에서 처음으로 '단식 존엄사'라는 용어를 보고 어둠 속 빛 한 줄기를 발견한 느낌이었다. 하지만 곧바로 어머니에게 말해주지는 않았다.

의사인 나카무라는 은퇴 후 노인 요양원에 몸담았다. 그곳에서는 '자연사'하는 경우가 많았다. 노인의 임종 증세를 발견하면 그는 곧바로 보호자에게 마지막 가는 길을 배웅하러 오라고 했다. 처음에는 가족 대부분이, 심지어 요양원 동료들까지 빨리 병원으로 이송하라며 독촉했다. 나카무라는 이게 무슨 일인가 싶어 깜짝 놀랐다.

"병원에 이송해서 뭐합니까? 곧 떠날 분인데 평안히 가시도록 해야죠. 병원에 보내 응급 처치를 한다는 건 환자의 고통을 가중시키고 임종 과정만 늘릴 뿐입니다. 저도 의사라는 걸 잊으셨나요? 임종 직전의 환자를 보살피는 법은 저도 압니다."

어떤 가족은 이런 말을 하기도 한다.

"그럼 수액이라도 놔주세요!"

나카무라는 수액을 잔에 따라 가족에게 마셔보라고 하며 물에 포도당을 조금 섞은 것뿐이라고 설명했다. 환자의 모든 장기는 이미 제 기능을 잃었기 때문에 수액을 조금 맞는다고 해서 호전되는 것이 아니라 몸이 붓기만 할 뿐이다. 임종 직전의 환자에게 억지로 음식을 먹으면 소화 흡수 기능이 떨어진 상태이기 때문에 복부가 팽창되고 구토를 일으키는 것과 같은 고통만 늘어난다.

환자는 음식을 안 먹어서 죽는 게 아니라 죽음을 목전에 두고 소화 흡수를 못 해서 안 먹는 것이다! 여러 번 반복해 설명하고 실제 조치를 보여주자 요양원 직원과 가족들은 마침내 나카무라의 '아무것도 안 하고 요양하며 자연사'하는 방식을 받아들였다. 나카무라는 임종 직전의 환자가 평온한 모습으로 고통 없이 떠날 수 있다는 것을 증명했다. 만약 병원으로 실려가면 효과 없는 여러 의료 행위에 심폐소생술까지 받을 것이 분명하다. 그는 이런 고통스러운 죽음 방법을 '의료사'라고 칭했다!

일반인들은 임종 전 한동안 음식을 섭취하지 못하는 것을 '아사'라고 오해한다. 나카무라는 여러 지면을 통해 '자연사'의 과정과 신체 반응에 대해 설명했다.

자연사의 실질적인 상태는 '아사'와 '탈수'다. 일반적으로 '아사'와 '탈수'라고 하면 비참한 상태를 연상할 것이다. 배가 고픈데 먹을 음식이 없거나 갈증이 나는데 마실 물이 없어 마치 사막에서 길을 잃거나 망망대해에서 표류하는 것처럼 고통스러운 상황을 먼저 떠올리기 때문이다.

하지만 임종을 앞둔 상황에서 '아사'와 '탈수'는 다르다. 생명의 불꽃

단식 존엄사

이 꺼지기 직전과 같은 상황에서는 허기나 갈증을 조금도 느끼지 못한다. 오히려 '기아' 상태일 때 뇌에서 모르핀이 분비돼 기분이 좋아지고 행복감까지 느끼게 한다. '탈수'가 오면 혈액 점도가 높아지기 때문에 의식 지수가 떨어져 몽롱한 상태가 된다.

강제 인공영양법은 최선을 다해 반드시 환자를 살리려는 의료인의 사명감과 환자를 굶겨 죽게 내버려둘 수 없다는 가족의 죄책감에서 비롯된다. 그리고 이런 관념 이면에 '사망'을 직시할 수 없다는 사실을 숨기고 있다.

나카무라가 권장한 것은 '의료사'가 아닌 '자연사'다. 그는 생전 작성한 의향서에 구급차 부르지 않기, 삽관하지 않기, 호흡기 사용하지 않기 등의 행위에 대해 언급했다. 치매에 걸릴까 염려된다며 더 보충했는데, 정확한 타이밍을 잡기는 어렵지만 완전히 치매에 걸리기 전에 야마오리 데쓰오山折哲雄 선생님이 주장하는 '단식 존엄사'를 행하는 것이 좋다고 했다. 나카무라는 혼자서 '5곡 7일 끊기, 10곡* 7일 끊기, 야생 식물과 과일 섭취 7일, 수분 7일 끊기'로 구체화한 방법을 제시했다. 점진적으로 음식과 수분 섭취를 줄여나가 한 달쯤이면 고통 없이 세상을 떠나는 것이다.

그리고 1990년과 2005년 식물인간이었던 미국의 낸시 크루

---

* 현미, 흑미, 좁쌀, 귀리, 메밀, 제비콩, 연자, 율무, 수수, 가시연밥.—옮긴이

잔과 테리 샤이보의 일화도 언급했다. 가족이 튜브를 통한 영양 투여를 중단하고 죽음에 이르도록 하는 방안에 대해 법원의 판결을 받아 두 명 모두 튜브를 제거한 뒤 2주 안에 세상을 떠난 이야기다.

이 일화를 들으니 예전에 알고 지내던 선생님 한 분이 떠올랐다. 1990년 아흔여섯이었던 선생님은 거동이 불편해 매일 방에만 있으니 살아 있는 게 아무 의미 없다고 느껴져 음식을 끊고 세상을 떠나셨다. 선생님은 현명하고 독립심이 강한 분이었다. 아흔에도 홀로 차를 타고 타이완 각지를 여행하며 자녀, 손주, 제자들을 만나러 다녔다. 자유를 잃은 선생님이 어째서 그런 결정을 했는지 충분히 이해한다. 하지만 그 소식을 들었을 땐 안타깝기 그지없었다. 산 채로 굶어 죽다니 너무 가련했다. 이제야 선생님이 지혜로운 결정을 했다는 생각이 들어 마음이 놓인다. 단식으로 생을 마감하는 일은 우리가 상상하는 것만큼 비참하지 않다. 병원에서 '의료사'하는 것보다 훨씬 낫다.

2019년 어머니는 삶이 더 이상 아무 의미 없고 고통을 감당하기도 어려우니 언제라도 떠나고 싶다고 했다. 하지만 어떻게 해야 잘 떠날 수 있는지 고민이라고 했다. 나는 『편안한 죽음을 맞으려면 의사를 멀리하라』를 꺼내 읽어보시라고 했다. 사실 그전에도 여러 번 음식 섭취를 중단하면 몇 주 안에 기력을 잃고 죽음에 이를 수 있다는 얘기를 가볍게 꺼낸 적이 있다. 푸다런 선생의 안락사 뉴스로 여론이 분분하던 시절, 나는 단식만 하면 세상을 떠날 수 있다고 말했다. 거의 100세에 가까운 우리 큰이모는 10년이 넘도록 혼자 방 안에 갇힌 채 하루하루가 괴롭다며, 부처님이 어째서 아직 데리러 오지 않느냐고 전화로 토로하곤 했다. 나는 그때도 어머니에게 큰이모가 음식만 끊으면 벗어날 수 있다고 말했다. 그러나 어머니는 직계혈족인지라 이런 제안을 하기 힘들었다. 이모도 이런 방식을 무조건 받아들이지는 않을 것 같았지만.

어머니는 책을 읽은 후 근엄한 표정으로 나를 불렀다. 그러고는 단식으로 삶을 끝내겠다고 선언했다. 시기는 이듬해 생일이 지난 후로 정했다. 나는 너무 빠르다고 생각해 조금 더 미루는 게 어떻겠느냐 설득했다.

"나는 이번 생에 해야 할 일을 다 했다. 누구한테 빚진 것도 없고 여한이 없어. 지금은 재봉도 못 하고 밥 먹고 화장실만 가잖아. 매사 다른 사람한테 민폐만 끼치니까 쓸모없는 인간이 된 거 같아. 살 만큼 살았어. 일찍 가면 틀림없이 기쁠 거야. 여기저기 아플 일도 없고 다른 사람한테 민폐도 안 끼치고."

어머니는 확실히 마음먹은 듯 의지가 굳건해 보였다. 나는 약속했다. 처음부터 끝까지 함께하겠다고. 호스피스 전문간호사의 도움을 받아 어머니가 평안히 떠날 수 있게 도와드리겠다고. 어머니는 내 말을 듣고 무거운 짐을 벗은 듯 안도의 한숨을 내쉬었다. 그리고 회심의 미소를 지으며 이제 걱정이 사라졌으니 기쁘게 디데이를 세겠다고 했다. '어떻게 떠나지? 자식들이 내가 떠나게 놓아줄까?'라는 문제가 어머니를 오랫동안 괴롭히고 있었다니 새삼 놀랐다. 나는 처음으로 내가 의사라는 사실이 어머니에게 중대한 의미가 있다고 느꼈다.

인터넷과 서점에서 단식 존엄사 관련 정보를 좀더 알아봤지만 자연사, 안락사, 노쇠사, 평온사에 대한 정보가 대부분이었다. 명확하게 음식 섭취를 중단(금식, 절식, 단식)해 안락사에 이르는 자세한 내용은 헬렌 니어링의 『아름다운 삶, 사랑 그리고 마무리』*밖에 없었다. 헬렌의 남편 스콧 니어링은 미국에서 대학교수를 역임한 자유주의, 자연주의 사상가이자 행동가다. 이 부부는 노년에 뉴욕의 호화로운 생활을 포기하고 버몬트주에 있는 외진 시골에 작은 농가 주택을 지어 자급자족식 전원생활을 했다. 죽음에 대한 스콧의 견해는 자연주의에 부합했다.

스콧은 1963년(그는 여든이었다) 유서에 다음과 같은 염원을 남긴다.

하나, 나는 위급할 때 자연스럽게 죽기를 원한다.

　　(1) 병원이 아닌 집에서 떠나고 싶다.

---

* 헬렌 니어링, 『아름다운 삶, 사랑 그리고 마무리』, 이석태 옮김, 보리, 2022.

(2) 의사가 곁에 없기를 바란다. 그들은 생명과 죽음을 이해하지 못한다.

(3) 가능하다면 집 밖에 있는 광야에서 떠나고 싶다.

(4) 임종 전에 금식하고 싶다. 최대한 어떤 음식도 먹지 않고 어떤 음료도 마시지 않을 것이다.

둘, 나는 임종 과정 내내 멀쩡히 깨어 있기를 원한다. 그러므로 진통제나 마취제를 거부한다.

셋, 나는 최대한 빠르고 조용히 가기를 원한다. 그러므로

(1) 수액이나 강심제를 투여하거나 수혈, 영양 공급, 산소 공급이 필요하지 않다.

(2) 자리에 함께하는 사람은 슬픔에 잠기지 않은 채 나를 온전히 이해해주며 침착하고 평화롭게 죽음의 과정을 느꼈으면 좋겠다.

(3) 신비로운 현상을 구체화하는 것은 광대한 경험의 영역이다. 나는 최선을 다해 살아왔으므로 희망을 가득 안고 세상을 떠날 것이다. 죽음은 옮겨감transition이며 깨어남으로서 삶의 다른 방면을 구현해준다.

헬렌은 스콧의 금식 존엄사 과정을 다음과 같이 묘사했다.

스콧은 100세 생일을 한 달여 앞두고 친구들과 식사하던 중 앞으로

식사하지 않겠다고 선언했다. 그때 이후로 스콧은 고형 음식을 먹지 않았다. 스콧은 떠날 시간과 방식을 똑똑히 정했다. 금식이라는 수단으로 자신의 육신에서 벗어나기로 했다. 금식으로 임종에 이르는 일은 폭력적인 자살 행위가 아니다. 단지 점진적으로 에너지를 소모해 평온하고 자연스럽게, 자주적으로 인간세계를 떠나는 방식이다. 그는 물질적인 면에서나 정신적인 면에서 세상을 떠날 준비를 마쳤다.

나는 스콧이 정한 임종 방식을 암묵적으로 허락했다. 한 달에 걸친 기간 동안 스콧이 과일주스를 원할 때 사과주스, 오렌지주스, 바나나주스, 포도주스를 건넬 뿐이었다. 가끔 물을 마시고 싶다고 말하기도 했다. 스콧은 어떤 병에 걸린 게 아니었다. 그의 정신은 여전히 또렷했고 육신은 철저히 속박에서 벗어났다. 단지 육체 속 생명력이 점차 미미해질 뿐. 마지막 일주일 정도는 물에만 자신의 목숨을 맡겼다. 그의 몸은 이미 시들시들 말라 언제든 깊은 잠을 잘 수 있을 것 같았다.

1983년 8월 24일 아침, 나는 스콧의 곁에서 그가 평온하게 이 세계를 떠나는 모습을 조용히 지켜봤다.

나는 나지막이 스콧에게 말했다.

"사랑하는 당신, 미련 두지 마세요. 육신을 파도에 맡긴 채 앞으로 흘러가세요! 최선을 다해 아름다운 삶을 살았으니 새로운 삶을 시작하세요. 새 빛을 받아요. 나의 사랑은 영원히 당신과 함께할 거예요. 여기 남은 모든 것은 무탈할 겁니다."

스콧은 천천히 호흡이 약해졌다. 천천히 미약해졌다. 그는 자신의 육체를 떠나 자유를 얻었다. 나무에 걸려 있던 마른 잎이 떨어지듯 떠났다. "모든 게…… 좋아all...... right."라며 얕은 한숨을 쉬더니 만물이 제대로인지 확인한 후 안심한다는 듯 떠났다. 이렇게 유형의 인간이 마지막으로 무형의 세계로 떠난 것이다.

나카무라는 과학적이고 이성적인 관점에서 자연사는 고통 없이 평온하다고 서술했다. 헬렌은 지적이고 감성적인 필치로 금식을 통해 죽음에 이르는 과정이 평화롭고 자연스럽다고 묘사했다. 나는 이런 책을 통해서 죽음이 삶의 일부분이므로 무섭거나 상심할 일이 아니며 오히려 달갑게 받아들일 수 있는 일이라고 느꼈다. 자유를 향해 달려가는 과정이기 때문이다.

이렇게 우리 모녀는 단식 존엄사를 약속했다!

8장

손을 놓는 것이야말로

사랑의 가장 큰 경지

어머니가 이듬해 생일이 지나고 곡기를 끊기로 결정한 후, 가족 누구도 이 이야기를 정식으로 꺼내지 않았다. 나는 어머니 마음의 발자취와 단식 존엄사를 준비하는 내용을 나의 블로그 '비비의 하늘'에 올렸다. 먼저 글을 어머니께 읽어드리니 어머니는 눈시울을 붉히며 말했다.

"너희는 내가 멀리 여행을 간 셈 쳐라."

가족들이 단식 존엄사에 대해 어느 정도 이해하면 걱정을 덜수 있을 것 같아 가족에게도 글을 공유했다. 우리 가족은 어머니의 선택을 존중했다. 하지만 너무 애틋해 어머니와 더 많은 날을 함께하고 싶은 나머지, 시기를 조금 더 미루라고 설득했다. 하지만 어머니와 대화할 때마다 어머니의 강한 의지가 느껴져 얼마나 힘든 상황인지 짐작이 갔다.*

날을 잡고 나니 가족들은 마음의 준비를 하며 천천히 적응해 갔다. 어머니에게 남은 날이 얼마 없다는 생각에 모두 최대한 틈을 내 어머니와 많은 시간을 보내려고 했다. 어머니의 세 손주도 자녀를 데리고 찾아뵙는 빈도가 늘었다. 세 증손주를 보면 어머니 입이 귀에 걸렸다. 증손주의 귀여운 모습을 보고 옹알이를 들으면 기쁨이 넘쳤다. 따스한 아기 입술이 어머니 볼에 도장을 찍을 때는 더 말할 나위도 없었다. 증손주가 어머니 옷자락을 당기며 말했다.

"왕할머니, 옷 진짜 예쁘다!"

왜 행복한 시간은 늘 더 빠르게 가는지. 불편한 생활과 아픈

---

* 존엄사에 대해 가족 간 어떻게 합의를 이룰지가 중요한 과제다. 우리 친정을 예로 들면, 부모님이 평소에 개방적인 태도로 그 염원을 말하곤 하셨다. 우리 세 남매는 부모님의 의견을 존중해 자연스레 합의가 이루어졌다. 한 친구는 형제가 넷이었는데 그중 의사인 두 명이 어머니의 병세가 심각해 예후가 좋지 못하고 어떤 치료를 해도 고통만 연장시킬 뿐이니 적극적인 처치를 중단하고 편안히 보살피자고 주장했다고 한다. 그런데 나머지 두 형제가 어머니를 보내드리기 못내 아쉬운 나머지 더 노력해보자고 했다. 옥신각신하다 결국 어머니가 돌아가신 후 형제들이 몇 년간 왕래하지 않는 마음 아픈 일도 있었다. 친구 어머니가 생전에 삶과 죽음의 문제를 담담하게 받아들이지 못하고 어떤 의견도 내지 않은 탓에 그런 상황이 벌어진 것일 수 있다. 아니면 자녀들이 어머니와 그 문제에 대해 논하기를 피했기 때문일 수도 있다. 나는 평소에 가족들이 죽음에 대해 회피하지 말고 의견을 많이 나눠야 한다고 생각한다. '당사자의 의견을 존중하는 일'이 가장 중요하다. 모두가 당사자를 가장 존중한다면 자연스럽게 합의에 이를 수 있다. 의사 친구 중한 명은 어떻게 부모님께 죽음 이야기를 꺼내야 할지 몰라 스스로 '사전의료의향서'를 작성하고 온 다음에 그것으로 서두를 떼며 이야기를 꺼냈는데 의외로 부모님이 이렇게 말했다고 한다. "우리는 이미 다 계획해놨다. 더 일찍 너희한테 말해주고 싶었는데 여태 적당한 시기를 못 찾았단다."
누군가가 먼저 시작한다면 생각만큼 어렵지 않다. 존엄사가 점점 사회적으로 공론화되고 있으니 관련된 사회 사건, 특집 기사, 도서 모두 자연스레 존엄사 논의의 장이 될 수 있을 것이다.

8장 손을 놓는 것이야말로 사랑의 가장 큰 경지

몸은 결국 스스로 감당하는 수밖에 없다. 우리는 어머니가 증손주들이 크는 것을 보며 조금 더 계시기를 바랐지만 최대한 빨리 신의 곁으로 가겠다는 어머니의 일념은 흔들리지 않았다.

남동생은 일을 조율해 일찍 귀가해서 저녁에 어머니와 영화를 많이 봤다. 모자와 간병인, 세 명 모두 공포영화를 좋아하는 취향이 같았다. 어머니가 재봉과 요가를 못 하게 된 뒤로 남는 시간이 많아지자 남동생은 책을 사드렸다. 의외로 대부분 어머니 취향이었다. 매일 낮잠을 자고 일어나 어머니는 거실에서 두 시간 정도 책을 읽었다. 어머니조차 생각하지 못한 일이었다. 예전에는 다른 일을 하느라 바빠서 독서를 거의 못 했다. 책 더미 속에는 양리화楊麗花, 펑페이페이鳳飛飛, 웨이웨이薇薇 부인, 타오샤오칭陶曉淸, 스지칭施寄靑, 황웨쑤이黃越綏, 린징이林靜儀, 허우원융侯文詠처럼 어머니에게 익숙한 예술가나 작가의 책과 여성의 삶을 다룬 책들이 섞여 있었다. 어머니, 남동생, 나, 우리 셋은 경요의 『눈꽃이 떨어지기 전에』*와 하시다 스가코의 『나답게 살다 나답게 죽고 싶다』**를 읽으며 어머니와 비슷한 심정이 생생히 묘사된 걸 보고 많이 공감했다.

여동생은 매주 한두 번씩 친정에 갔다. 어머니는 사후에 어느

---

* 경요, 『눈꽃이 떨어지기 전에』, 문희정 옮김, 지식의숲, 2018.
** 하시다 스가코, 『나답게 살다 나답게 죽고 싶다』, 김정환 옮김, 21세기북스, 2018.

단식 존엄사

친척에게 연락을 해달라거나 유산을 어떻게 처리해달라고 연신 부탁했다. 그리고 당신이 떠난 후 자주 집에 들러 혼자 사는 남동생 집안일도 도와주고 집이 너무 쓸쓸하지 않도록 살펴줄 것을 신신당부했다. 요즘 불경을 공부 중인 여동생은 매일 저녁 염불을 외거나 필사했다. 어머니를 위해 「약사유리광여래본원공덕경」을 독송하며 어머니가 덜 고통스럽게 눈감을 수 있기를 기도했다.

어머니가 단식 존엄사를 결정한 지 한 달쯤 뒤 나는 단풍 구경을 하러 교토에 갔다. 여행 전 중고 서점에서 우연히 취페이펀의 『교토 33 축복』*을 발견했다. 모든 게 하늘의 뜻 같았다. 나는 여행을 코앞에 두고 '33 관음 성지'를 순례하는 것으로 일정을 바꿨다. 교토 곳곳에 단풍이 붉게 물들어 있는 것도 놓치지 않았고 더 좋은 기회가 많았다. 큰길과 골목에서 그림을 보며 사원을 찾았다. 토지東寺, 기요미즈데라清水寺, 산주산겐도三十三間堂 같은 명찰은 몇 번이고 갔다. 하지만 몇 곳은 민가에 몸을 숨긴 채 골목에 숨어 있어서 샅샅이 찾아 헤맨 뒤에야 참배할 수 있었다. 크고 작은 사원 33개를 찾기 위해 교토 서민의 삶에 깊숙이 들어갔다가 우연히 단풍나무 숲속에 있는 부처님을 만났다. 부처님이 눈앞에 나타난 듯해 감격스러웠다. 부처와 관세음보살에게 합

---

* 曲培棻, 『京都33祝福: 美好又享樂的觀音寺之旅』, 天下文化, 2010.

장하며 어머니가 덜 아프고 편하게 가실 수 있기를 기도했다. 어머니가 배고픔이나 무력함으로 고생하지 않게 잠결에 극락왕생하시기를 바란다는 말도 잊지 않았다.

재활학과 의사인 우리 첫째는 어머니와 우리 세 남매가 합의를 이룬 것에 놀라며 믿기 어려워했다. 시댁에서는 완전히 상반된 이야기가 펼쳐졌다. 연세가 여든에 가까운 시아버지는 막내 손주가 대학교에 입학한 뒤 매일 데려다주고 데리러 갈 일이 없어지자 치매 증세를 보이기 시작했다. 이따금 운전하다가 길을 잃고, 쉽게 넘어지고, 시어머니가 바람을 피운다며 의심하고, 시어머니 반찬 맛이 이상하다고 불평했다. 뇌 사진을 보니 대뇌위축이 나타나 의사는 치매라고 진단 내렸다. 병세가 급격히 악화돼 2년 후에는 걷지 못하고, 똑바로 앉지 못하고, 말을 못 하고, 연하곤란을 겪었다. 한 번 열이 나서 입원한 후로는 비위관과 도뇨관을 삽입했다.

시어머니와 외국인 간병인은 병상에 누워 있는 시아버지와 함께 삼대가 살아온 고향 집에서 지냈다. 남편은 매주 몇 번씩 방문해 저녁을 먹었고 다른 가족은 일주일이나 몇 주에 한 번씩 들렀다. 시아버지는 날로 야위었다. 입을 다물지 못해 늘 벌리고 있었고 사지가 굽어 곧게 펴지 못했다. 몸을 충분히 자주 뒤집어주지 않으면 욕창이 생겼다. 불시에 열이 나고, 가끔 요로감염이 되고, 폐렴에 걸리기도 했다. 산부인과 의사인 남편은 집에서 직접 아버님 약을 바꿔드리고 수액이나 항생제를 놓고 도뇨관과 비위관을 교체해드렸다.

시아버지의 남동생은 시아버지보다 5년 일찍 치매가 왔다. 도뇨관과 비위관 외에 기관삽관까지 했다. 간병인 둘을 고용하고 작은어머니 또한 한시도 곁을 떠나지 않았으며 재택의료센터에서 정기적으로 방문해 튜브를 교체해주었다. 작은아버지는 누워 지내는 12년 동안 합병증으로 몇 번이나 입원해야 했다.

두 집안의 다섯 자녀가 치매에 걸린 노인 두 명을 돌보며 금전적, 물질적으로 쓴 비용도 비용이지만 황혼기의 두 여성이 손주가 커가는 모습을 보며 행복을 맘껏 누리지 못하고 병상에 묶여 있어야 했던 점이 특히 마음 아프다. 온전한 내 생활 없이 젊었을 적 육아하던 때보다 더 고된 날을 보냈다. 아이는 커가며 큰 기쁨과 보람을 준다. 그러나 수십 년간 매일같이 병상에 누운 채 의식이 없는 배우자 곁을 지키고 있으면 집 안 분위기도 가라앉고 미래가 안 보였을 텐데 어떻게 견뎠을지 짐작도 안 간다. 긴 병에 효자 없다는 말이 있다. 두 어르신이 이렇게 원망 없이 남편에게 모든 것을 쏟아부은 것이 사회적 가치관 때문인지 부부의 정 때문인지 존경스럽고 깊이 생각해보게 한다. 이런 희생은 가치 있는가? 그들에게 공평한 일인가? 매년 수많은 가정에서 비슷한 일이 생기면 사회적으로 얼마나 큰 부담인가?

누워 있는 쪽은 더 고통스럽다. 바뀐 체형, 끙끙 앓는 소리, 이

따금 흐르는 눈물, 병문안 온 가족들의 참을 수 없는 버거움. 그 누구도 이렇게 오래 누워 있고 싶지 않다. 그들에 대한 가족의 사랑 때문인가? 가족들이 이별로 인한 상실감을 마주할 수 없어서? 아니면 생명이 신성불가침 영역이기 때문에?

시간이 흐르며 나는 단계적으로 음식 투여를 중단하면 보통 노쇠한 노인은 열흘이나 2주 정도면 눈을 감을 수 있다는 말을 남편에게 자주 꺼냈다. 며느리인 나는 반은 외부인이기 때문에 시댁에서 의견을 내기 힘들었다. 그러나 남편은 나름대로 생각하며 12년 동안 본인 어머니 혹은 형제들과 이 문제를 논의한 적이 없다. 추측건대, 남편은 시어머니가 돌봄을 희생이라 여기지 않고 시아버지가 살아 있기를 원해 시아버지가 '굶어 죽기'를 바랄 리 없다고 생각한 것 같다. 그리고 시아버지가 의식이 없어 고통을 못 느낄지도 모른다고 여겼다. 다만 살아 있다면 그 정신이 가족과 늘 함께해 가족을 지켜준다고 믿었다. 우리 부부는 의과대학에서 함께 공부했지만 이 일에 대한 관점은 전혀 달랐다. 이런 것은 의학과 무관하고 성장 배경이나 가정의 가치관과 더 관련 있는 것 같다.

시아버지가 와상생활을 한 지 여러 해가 지난 후 시어머니는 기관삽관까지 해야 한다면 반대하는 것이 좋겠다고 생각했다. 마지막 2년은 시아버지에게 무슨 합병증이 생기든 병원에 보내 응급 처치를 하지 말자고 주장했다. 그리고 당신이 중병에 걸리면

단식 존엄사

적극적 처치를 할 필요 없다고, 시아버지처럼 이렇게 '질질 끌지' 않아도 된다는 말을 하곤 했다.

시아버지는 와상생활 12년차(93세)에 자다가 임종하셨다. 장례를 마치고 나서야 남편이 말했다.

"마지막 1년 동안은 마음속으로 수없이 고뇌했어. 아버지가 이렇게 살아 계신 게 의미가 있나? 아버지를 고통스럽게 살려두는 게 효도하는 건가? 아니면 불효인가?"

그러나 남편은 누구에게도 심적 고통을 토로하지 않았다. 이제 아버지가 떠나 더 이상 삶과 죽음의 난제에 대해 생각하지 않을 수 있게 되어 감사하다고 했다.

나의 관점에서 시아버지를 병상에 12년이나 있게 한 것은 지나치게 잔인한 일이다. 시아버지가 고생하신 건 물론이고 시어머니 또한 일흔넷부터 치매가 온 남편을 돌봐야 했다. 시아버지가 돌아가셨을 때 시어머니는 이미 여든여덟이었다. 14년에 걸친 간호로 시어머니는 급격히 기력이 쇠해 산책하러 나갈 때조차 간병인의 부축이 필요했다. 우리 어머니가 단식 존엄사를 실행한 뒤에 남편이 시어머니에게 넌지시 말을 꺼냈다.

"만약 그때 발관해서 아버지가 일찍 가시도록 했으면 그렇게 오래 고생 안 해도 됐을 텐데."

"어떻게 그러니?"

가족애와 죽음이 얽힌 문제이기에 모든 윤리, 논리, 과학은

8장 손을 놓는 것이야말로 사랑의 가장 큰 경지

소용없다. 문화나 신앙이 더 중요한 가치관으로 작용하는 것 같다. 문화가 다른 서양에서는 장기간 병상생활을 하는 사례가 상대적으로 적다. 일본은 우리와 상황이 비슷해 '장수 지옥'이라는 명칭이 생긴 듯하다.

가족들은 응급 상황이 생겼을 때 논의를 거쳐 빨리 합의를 이룰 수 없다. 가족 구성원 중 누군가에게 중대한 병이 돌발적으로 생기면 대부분의 가족은 제정신이 아니고 받아들이기 힘들어하며 손을 놓지 못한다. 그뿐만 아니라, 가족 간 의견이 분분해 싸움으로까지 번지기 때문에 이성적으로 결정하기 어렵다. 의료인의 입장에서는 이런 상황에 직면한다면 의료 조치를 취해야만 소송당할 기회를 줄일 수 있다.

우리 친정 식구는 죽음에 관한 이야기를 꺼리지 않았다. 연로한 아버지는 당신이 자다가 떠날 거라고 자신만만해했다. 그리고 몸이 편치 않아도 구급차를 불러 병원에 보낼 필요 없다고 했다. 어머니가 중년의 나이였을 때 소중한 어머니의 언니가 백혈병에 걸려 3년 동안 앓다가 돌아가셨다. 어머니는 3년이나 그렇게 고생스레 사는 것이 할 만한 일이 못 된다고 했다. 평소에 미디어나 텔레비전 토크쇼에서 안락사 주제가 나오면 우리 가족은 모두 찬성했다. 중병에 걸린 부모가 본인 뜻대로 발관해 임종하려고 하는데 재산 싸움 때문에 반대하는 자녀를 보고 우리 가족은 질책했다. 우리는 평소에 독서나 시사 이야기를 하면서 차츰차츰 합의를 이뤘다.

어머니가 단식 존엄사를 결정한 것에 대해 우리 삼남매의 의견이 일치했을까? 시기에 있어서 이견이 있었을 뿐이다. 어머니는 소뇌 퇴화로 인해 평형감각이 떨어지고 고혈압이 조금 있으며 백내장 수술을 받은 것 말고는 오랫동안 요가를 해온 덕분에 건강 상태가 잘 유지되고 있었다. 평소에 어머니 집에 들르면 시종 웃음꽃을 피우고 목소리도 우렁찼으며 낙관적인 모습이었다. 우리 가족은 어머니가 더 오래 살 것이라 생각했다.

어머니가 몇 달 뒤에 떠나기로 정하고도 사실 우리에게는 짧지 않은 시간이 있었다. 어머니를 더 자주 찾아뵙고 마음속으로 어머니와의 이별을 겸허히 받아들일 시간이 충분히 있었다. 의학적인 관점에서 봐도 어머니가 정한 시기는 딱 적당했다. 단식을 시작할 때쯤 이미 어머니는 음식을 넘기기 힘들어해 자주 캑캑거렸다. 하지만 비위관은 어머니가 원치 않았다. 어머니는 가만히 앉아 있지 못해 곁에 쿠션을 여러 개 쌓아놔야 했다. 몸을 뒤집을 수 없어 자는 일이 고통이었을 텐데도 한두 시간마다 간병인을 깨워 몸을 뒤집어달라고 부탁하기 싫어했다. 실은 어머니는 흡인성 폐렴에 걸릴 확률이 매우 높았다. 그렇게 되면 더 큰 고통이 따랐을 텐데 다행히 한 번도 걸리지 않았다.

나로서는 어머니가 단식으로 임종하는 과정에 동행하며 돌봐드리는 것이, 어머니가 고통에서 벗어날 수 있게 도와주는 일이자 나의 직업적 소임을 다하는 일이었다. 여동생은 말했다.

"떠나보내드리기 아쉽지만 우리가 엄마한테 이렇게 고통스럽게 살라고 강요할 순 없잖아."

남동생은 이런 의견이었다.

"엄마가 이게 본인한테 가장 좋은 방법이라고 생각한다면 나는 엄마 선택을 존중할래."

어머니가 병에 걸린 지 거의 20년이나 됐다. 기운이 빠지면서 삶의 의미도 남김없이 잃어가는 모습을 바라보며 우리는 어머니가 왜 이런 결정을 했는지 온전히 이해할 수 있었다. 만약 우리였어도 같은 선택을 했을 것 같다.

사랑하기 때문에, 우리는 어머니의 고통을 지켜보며 손을 놓아야 했다. 어머니가 낡은 육신을 떠나 건강한 몸으로 돌아오도록. 그리고 어머니의 정신은 어머니가 떠났기 때문에 우리 마음속에 더욱 또렷이 살아 있었다.

단식 존엄사

9
장

단
식
의

길

2020년 2월 중순, 코로나19 확진자 12명, 사망 1명이 나왔다. 사회가 흉흉하던 그 무렵 나는 짐을 챙겨 한 시간 정도 차를 타고 타이베이로 향했다. 가장 먼 여행을 떠나는 어머니의 단식 존엄사 여정에 함께하기 위해서였다. 작은아들이 나를 고속철도 역까지 데려다주며 물었다.

"어머니가 돌아가시는 길에 함께하는 게 너무 고통스럽지 않아?"

나는 이상하리만치 침착하게 말했다.

"이게 내 소임인걸!"

나는 의사와 딸이라는 이중 역할을 맡고 있었다.

침착한 척했지만 사실 속내는 안절부절못했다. 나는 재활학과 의사이기 때문에 임종을 앞둔 환자를 돌본 적이 없었다. 그래서 미리 호스피스 병동의 수간호사 동료에게 지도를 받아두었다.

하나, 피부가 더욱 건조해질 수 있으니 로션을 잘 발라주고 특히 다리에 신경 쓰기.

둘, 끼니마다 오일을 섭취하도록 해 위장을 윤활하게 하고 변비 예방하기.

셋, 중형 사이즈 면봉으로 입안을 깨끗이 하고 입술을 촉촉하게 하기.

넷, 정기적으로 체위를 변경해주고 피부를 가볍게 두드려 욕창 예방하기.

다섯, 탈수 증상이 나타나면 미열이 날 수 있으니 수분을 보충하거나 해열제 복용하기.

여섯, 피부 마사지와 수동 관절운동으로 사지가 굳거나 쑤시지 않게 하기.

일곱, 말기에 기저귀를 차면 압박 배뇨 해주기. 손가락으로 변을 긁어내거나 글리세린 관장하기.

여덟, 임종 때는 매우 예민해지므로 자극적인 환경을 조성하지 말고 부드럽게 대하기.

아홉, 청각이 가장 늦게 소실되므로 가볍게 손을 잡고서 귓가에 나지막이 말하기. 고맙다고, 사랑한다고, 작별 인사 하기.

이 항목들은 의사로서 하기 쉬운 일이다. 일반인도 전문가의 지도를 받는다면 쉽게 배울 수 있을 것이다. 어머니는 소뇌실조증 외에 다른 내과 질환이 없었기 때문에 단순한 편이었다. 그래서 나는 위장약, 변비약, 수면유도제만 챙겼다.

가방 속에 담긴 『불설아미타경佛說阿彌陀經』 『낙양33소관음영
장납경첩洛陽三十三所觀音靈場納經帖』과 십자수 재료가 어머니가 가
르쳐주는 마지막 수업인 '자연사'를 마주할 수 있도록 나와 함께
했다.

극락왕생하시길 바라는 염원을 담아 어머니께 『불설아미타
경』을 읽어드렸다. 어머니는 내가 교토에서 성지 순례를 하며 받
은 납경을 처음 보고 묵서의 아름다움에 감탄하며 나의 효심에
감동받았다. 그것을 펼치며 어머니는 습관적으로 '아미타불'과
'관세음보살'을 되뇌었다. 마음을 모아 공경하면 영험이 깃든다.
아미타불을 염송하면 안정적인 힘이 생긴다. 십자수는 내가 어머
니를 모실 때 할 수 있는 최고의 활동이다. 수를 놓으며 함께 이
야기할 수 있고 마음도 안정된다. 어머니가 하던 일을 멈추고 말
이 없어지면 나는 계속 수를 놓으며 어머니 곁을 지킬 수도 있다.

친구들에게 어머니가 단식 존엄사를 결심하셨다고 말하니
한 친구는 이웃집 어르신도 그렇게 떠나셨다며 가는 길이 그다
지 고통스럽지 않았다고 했다. 다른 친구네 집 어르신도 점진적
으로 단식을 했는데 몸이 금방 적응했다고 했다. 일반인들에게
드문 일이 아니었다니. 친구들의 말을 듣고 나와 어머니는 자신
이 생겼다.

첫째 날부터 열째 날까지

내가 타이베이에 오기 전 어머니는 이미 세 끼를 적은 양의 두 끼로 줄인 상태였다. 내가 온 날부터 두 끼를 한 끼 반으로, 한 끼로, 반 끼로 줄여나갔다. 큰 생선이나 고기는 안 먹고 죽과 삶은 채소, 과일을 주식으로 먹었다. 매일 오일 한 스푼씩, 물 세 잔씩을 마셨다. 올리브유, 고다苦茶유, 호박씨유를 모두 마셔봤는데 나중에는 어머니 입맛에 가장 잘 맞는 모 브랜드의 호박씨유를 골라 마셨다. 기름이 끈적끈적해 목 넘기기가 좋아서 사레들리지 않았다. 물에 연근 가루를 섞어 묽은 페이스트로 만든 것도 사레를 예방하기 좋았다.

어머니가 단식을 시작하고 여동생은 거의 매일 왔다. 타이베이에 사는 큰아들도 일이 없으면 들렀고 남동생은 매일 저녁 어머니를 모시고 영화를 봤다. 어머니의 세 증손주와 증손주 며느리들도 틈날 때마다 들러 어머니와 시간을 보냈다. 가족들의 쉴 새 없는 방문으로 웃음이 끊이지 않았다. 지난 일을 회상하고 시사 문제를 논하면서 어머니의 목소리는 밝아지고 기운을 내는 듯했다. 허기를 전혀 못 느끼고 위장통도 없다고 했다.

먹는 양이 적어져 화장실에 가는 횟수가 줄었다. 밤에 잠도 잘 자서 어머니의 정신과 체력이 전보다 좋아진 느낌이었다. 단식 캠프에 참가했던 친구는 단식하면 몸이 가벼워진다고 했다. 어머니의 이런 변화를 보며 우리가 평소에 너무 많이 먹어 신체가 느끼는 부담이 오히려 큰 게 아닌가 반성하지 않을 수 없었다.

심리학자인 큰며느리는 아들에게 우리 어머니의 인생 이야기를 들으며 함께 지난 일생을 되돌아보고, 자식들에게 기념과 추억도 남기면 좋겠다고 조언했다. 어머니는 원래 이야기를 잘하는 분이라 이야기보따리를 푸니 이야기꾼이나 다름없었다. 어머니가 겪은 세상의 온갖 풍파가 눈앞에 선했다. 아들은 감탄하며 할머니의 유년 시절, 청년 시절 이야기와 자신이 겪어보지 못한 보수적인 사회, 가난했던 시절, 아동과 여성의 권리가 낮았던 시대에 대해 들었다. 나조차 들어본 적 없는 일화가 많았다(일부는 2장에 수록돼 있다).

아버지에게 착취당하고 결혼 후에는 남편에게 착취당하면서도 자기 자신보다 친정과 시가를 위해 모든 것을 바친 어머니의 일생을 듣고 아들은 놀라워했다. 아버지와 남편의 오랜 억압 때문에 위축된 어머니는 본인의 장점과 가치를 보지 못했다. 그런 착취와 억압이 어머니 마음에 여전히 큰 상처로 남아 있었다.

어느 날, 어머니는 가만히 앉은 채 평생 한 적 없던 한마디를 내뱉었다.

"그분은 한 번도 '루이야! 이리 와봐'라고 한 적이 없었어."

(루이는 어머니의 아명이었다.) 나는 놀란 눈초리로 물었다.

"누가?"

"네 할아버지 말이야!"

어머니는 푸념했다.

"우리 아버지는 날 딸로 생각 안 했어. 큰언니랑 큰오빠만 예뻐했지. 중학교 졸업 전에 우리는 남이나 다름없어서 난 아버지에게 말도 못 걸었고 아버지가 염라대왕 같았어. 졸업하고 나서는 돼지 두 마리를 돌봐야 했는데 아버지는 내가 일을 제대로 못해서 돼지가 안 큰다고 하루 종일 혼냈어. 근데 난 아버지 안 미워해. 왜냐면 아버지는 하늘이고 난 땅이거든."

나는 말했다.

"할아버지 노년에 투병생활 하실 때 엄마가 제일 자주 찾아뵀잖아. 할아버지는 엄마가 제일 효녀라고 하셨어. 아마 하늘에서 후회하고 계실걸. 엄마한테 잘 좀 해줄걸, 하고."

이런 위로의 말이 얼마나 효과가 있었는지 모르겠다. 이미 증조할머니가 된, 나이 든 여든셋의 어머니가 떠나기 직전까지 유년기에 아버지에게 사랑받지 못한 일을 마음에 두고 있다니 깜짝 놀랐다.

아버지를 향한 나의 원망도 이따금 튀어나왔다. 우리는 어머니가 마음속에 품고 있던 말을 모두 꺼내게끔 해서 그 심정을 이해해줬다. 일종의 감정 표출일 것이다. 하지만 어머니가 계속 부정적인 감정에 휩싸여 있는 것은 원치 않았기 때문에 적당한 때에 재봉, 요가, 주식, 근면 검소, 환경 보호, 선행을 실천하던 모습에 대해 언급하며 어머니의 자존감을 높여드렸다.

우리 아들은 직접 인터뷰하며 할머니가 얼마나 능력 있는 분이고, 신세대인지 깨닫고 마음속 깊은 곳에서부터 존경심이 우러나왔는지 몇 번이나 탄성을 질렀다.

"할머니 진짜 대단해요. 우리 모두 고맙게 생각하고 있는 거 아시죠? 할머니 희생이 없었으면 지금의 우리 가족은 없었을 거예요."

또 이렇게 덧붙였다.

"할머니가 단식 존엄사를 결정하고 평소보다 더 건강해지신 거 같아 정말 신기해요. 이런 결정을 안 하셨다면 이렇게 가족들이랑 자주 시간을 보내지 않았을 거고, 나도 할머니 일생에 대해서 들을 리 없었을 텐데. 할아버지 두 분은 자다가 돌아가셔서 이런 일이 없었잖아요. 만약 중병에 걸려서 입원했으면 더 못 그랬을 테고."

우리 어머니는 곁에서 듣다가 한마디 했다.

"나는 몸이 너무 건강해서 안 죽을까봐 걱정이다!"

불효녀인 나는 말했다.

"지금은 그냥 워밍업이나 다름없어!"

열흘 동안 나도 더 건강해졌다. 어머니는 요양에 집중하는 자신을 따라 나도 일찍 자고 일찍 일어나라고 했다. 오후에 어머니가 책을 읽을 때면 나보고 나가서 산책이라도 하고 오라고 했다. 그래서 시간이 되면 다안썬린 공원에 가서 산책하거나 어떤 때는 서점 구경을 갔다. 매일 6000~7000보씩 걸으니 밤에 잠도 잘 자고 만성 기침도 많이 개선됐다.

워밍업 단계 동안, 변비 문제로 약을 조금 먹은 것과 종아리 부종으로 간병인의 마사지를 매일 받은 것 외에는 특별히 신경 써야 할 부분이 전혀 없었다.

열한째 날

새벽에 허기가 진다고 해서 오일과 연근물을 드리니 바로 포만감을 느꼈다.

오늘부터 고형 음식을 끊고 세 끼 모두 오일 한 스푼과 연근물 한 컵만 마신다.

오후에 낮잠을 자다가 처음으로 일어나기 싫어했다.

저녁을 먹은 후 잠을 조금 잤다. 샤워하고 45분짜리 시리즈물 세 개, 총 2시간 넘게 텔레비전을 시청했다.

거실에 있던 세 명은 스릴러물을 본 탓에 비명을 질렀다가 박장대소를 해서 파티를 하는 분위기였다.

나는 스릴러를 보니 무서워져 서재에서 『아미타경』을 읽었는데 조금 전과 너무 대조돼 비현실적인 느낌이 들었다.

열두째 날

어젯밤 화장실에 안 갔다. 새벽 6시에 깼는데 사지가 쑤시다며 간병인에게 손발을 주물러달라고 도움을 청했다.

오전에 텔레비전과 주식을 조금 보다가 낮잠을 자고 독서했다.

저녁을 먹고 눈을 좀 붙였다. 저녁에 드라마를 봤다.

안정되고 규칙적인 생활이었다.*

열셋째 날

"오일이랑 연근에 영양이 너무 풍부한 게 틀림없어. 이러다가 못 떠나겠어!"

어머니는 연근물도 안 마시기로 결심했다. 갈증이 나면 면봉으로 물을 조금 훔쳐 마셨다.

세 끼 전에 허기감이 들어서 오일을 밥처럼 먹었다. 먹고 나니 배가 안 고프다고 했다.

두 살짜리 증손녀가 놀러 왔다. 재잘거리며 나무 블록을 가지고 놀면서 탭댄스를 췄다.

---

* 어머니의 단식은 순조로운 편이었는데 몇 가지 이유가 있다. (1)불면증, 변비, 경도 고혈압 외에 다른 복잡한 내과 질환이 없었다. (2)나는 의사로서 대부분의 문제를 처리할 수 있었기에 다른 가족들이 비교적 안심했다. (3)해결하기 힘든 문제가 생기면 나는 언제든지 필요한 의료 자원을 얻을 수 있었다. (4)점진적 단식을 하며 오일, 연근 가루, 물에 적신 면봉으로 몸의 불쾌함을 많이 줄였다. 만약 집 안에 연로한 중병 환자가 이런 방식을 선택한다면 먼저 근처에 있는 재택의료센터에서 의사의 진찰을 받고 환자의 병세와 복용 중인 약을 살펴보는 것이 좋다. 단식 중 문제가 생기면 방문 진료 서비스를 이용할 수 있는데, 먼저 그 의사의 동의가 필요하다. 혹시 복잡한 중증 내과 질환이 있다면 입원해야 할 수도 있으므로 호스피스 병원의 도움을 받는 것이 가장 좋다.

단식 존엄사

증조할머니는 뚫어져라 바라보며 함박웃음을 지었다.

떠날 즈음 증조할머니와 악수한 뒤 볼에 뽀뽀하고 손 키스를 날렸다.

열넷째 날

배가 고파 뭔가 먹고 싶어했지만 참았다. 오일을 마시니 훨씬 낫다고 했다.

힘들어 보였다. 꾸벅 조는 시간과 횟수가 많아졌다. 목소리가 잠기고 말끝이 길어졌다.

인생에서 마지막 책을 읽더니 내일부터 책을 안 읽겠다고 했다. 너무 힘든 모양이었다.

저녁에는 어김없이 드라마 세 편을 봤다.

열다섯째 날

더 배가 고픈지 힘이 없었다. 가끔 속이 불편하다고 했지만 위장약은 안 먹었다.

입 냄새가 났다. 면봉으로 입안을 더 자주 닦았다. 닦는 김에 입술을 촉촉이 적시고 물을 조금 드렸다.

낮잠을 늘렸다. 잠에서 깨면 관절을 움직이게 도와주고, 손발을 마사지하고, 등을 두드렸다.

타이중에 사는 작은아들이 세 살 정도 된 손자를 데리고 들렀다. 손자는 손녀보다 한 살 정도 많아 증조할머니와 말이 더 잘 통한다. 증조할머니는 기뻐서 흐뭇하게 웃었다.

떠날 무렵 손자가 며느리에게 물었다.

"엄마, 우리 언제 집에 가?"

증조할머니가 말했다.

"작은 어른 같네. 어쩜 이렇게 착한 아기가 다 있지! 아유, 귀여워라. 표정도 참 다양하네. 이리 와서 왕할머니한테 뽀뽀 한번 해주렴."

떠날 때 눈물이 고인 채 작은아들과 며느리에게 말했다.

"멀리서 와줘서 고맙다!"

열여섯째 날

어젯밤에는 배가 고파 잠이 안 올 정도였다. 점점 일찍 깼다. 5시에 간병인에게 거실까지 들어다달라고 했다.

푹 꺼진 눈가, 처진 눈꺼풀, 홀쭉한 볼, 닫히지 않는 입, 부정확한 발음, 가냘픈 목소리.

텔레비전 화면이 잘 안 보이고 소리가 아득해 나에게 주식을 봐달라고 했다. 유감스럽게 나는 볼 줄 몰랐다.

소변이 안 나와 내가 치골 위쪽을 압박해 짜냈다.

간병인은 내가 너무 깊게 누르는 모습을 보고 깜짝 놀라 눈이 휘둥그레져 아프지 않느냐고 물었다. 어머니는 고개를 저었다.

단식 존엄사

이틀 동안 대변을 못 봐 글리세린 관장으로 조금 **빼냈다.**

낮에 세 번 일어나 앉았다. 한 시간가량 지나니 엉덩이가 아프다고 해 대부분의 시간을 누워서 보냈다.

견디기 어려워했다. 하루가 왜 이렇게 긴지.

여태껏 병에 걸린 적이 없는데. 여태껏 이렇게 고통스러워한 적이 없는데. 주사 한 대로 떠날 순 없는 걸까?

어디가 가장 고통스러운지 물었다. 입. 그리고 엉덩이가 아프고, 사지가 쑤시는 바람에 몸이 힘없이 비틀거려 자세 바꾸기가 고생스러웠다.

저녁에 무리하게 버티며 드라마 두 편을 보고는 더 안 보겠다고 했다. 제대로 보이지 않아 어떤 때는 눈을 감은 채 앉아 있었다.

더 일찍 방에 들어가 쉬었다. 나는 압박 배뇨와 팔다리 움직이는 일을 도와주고 거실로 나왔는데 눈앞에 펼쳐진 광경에 놀라 쓰러질 **뻔했다!**

큰아들이 울상을 지으며 눈물 바람인 외삼촌을 부축하고 있었다.

남동생이 나에게 물었다.

"꼭 이래야만 돼? 더 나은 방법은 없는 거야?"

나는 지금껏 모든 일이 통제 가능한 범위 안에 있어서 혼자 처리할 수 있을 줄 알았다.

동생은 어머니가 정말로 곧 떠난다는 것이 갑자기 실감 나아쉽고 가슴이 미어지는 듯했다.

열일곱째 날

아침 일찍 일어나니 남동생이 어머니 침대 옆에 앉아 있었다. 모자는 서로 눈물을 흘리고 있었다. 어머니가 유언을 전했고 동생은 걱정 말라며 어머니를 안심시켰다. 결혼을 안 한 남동생에게 대를 이을 아들이 없어서 어머니가 마음을 놓지 못한다는 점을 나는 알고 있었다. 나는 어머니에게 우리 자매와 아이들이 남동생을 잘 보살필 테니 걱정하지 말라고 했다.

물로 입안을 닦아줄 때 쉽게 사레들렸다. 기름과 물이 입으로 나와 약을 삼키기 힘들어했다.

나는 재택의료센터 의사에게 전화를 걸었다. 의사는 어머니의 상태를 듣고 어머니가 우울증이 아닌 것을 확인하고서 최대한 빨리 오겠다고 했다.

큰아들이 집에 들렀다. 어머니 침대 곁에 앉아 울면서 이런저런 이야기를 했다. 어머니는 말했다.

"네가 효심 깊은 거 잘 알고 있단다!"

남동생은 울면서 사진을 준비했다. 어머니를 위한 생전 장례식을 올리기 위해서였다. 우리는 저녁에 어머니에게 연근물을 한잔 드렸다. 정신이 훨씬 또렷해졌다. 화기애애하게 어머니와 우리

가족에게 중대한 의식을 세 시간 동안 치렀다.*(다음 장에 서술)

열여덟째 날

재택의료센터 의사와 간호사가 방문했다. 어머니는 그래도 의사가 하는 질문에 가냘픈 목소리로 대답할 수 있었다. 어머니는 고통 없이 하루빨리 세상을 떠나기를 바란다고 강력하게 표현했다. 해야 할 일을 다 했고 살 만큼 살았으니 죽어도 여한이 없다고 했다. 의사도 어머니의 굳은 심지를 느낄 수 있었다. 지금 몹시 쇠약한 상태라며 진정 약물만 처방해주면서 우리에게 어떻게 복용해야 하는지 알려줬다. 그리고 24시간 연락 가능한 전화번호를 남겼다. 간호사는 내가 어떻게 간병하고 있는지 세세히 듣더니 아주 잘해오고 있다며 안심하고 떠났다.

어머니의 숙면 시간이 날로 길어졌다. 중간에 깨지 않았다. 가끔 의식이 또렷할 때 우리는 어머니와 대화를 나눴다. 어머니 입안을 닦아주고 팔다리를 주물렀다. 몸의 청결 관리는 모두 침

---

* 이것은 임종의 길에 함께하는 과정이다. 비록 미리 계획하지도 않았고 이쪽 방면의 트레이닝을 받은 적도 없지만 끝나고 나서 생각해보니 몇 가지가 많은 위안이 됐다. (1)우리는 어머니의 결정을 완전히 이해하고 지지했다. 자녀가 계속 말린다면 괜히 어른들의 스트레스와 후회만 키울 것이다. 감사와 사랑의 말을 전할 시기도 놓칠 수 있다. (2)어머니에게 당신의 일생을 이야기해달라고 해서 회고하다 보면 과거를 마주하고 내려놓게 된다. 고통이든 즐거움이든 실패든 성공이든 결국 받아들일 수 있다. (3)생전 장례식은 삶에서 가장 마지막으로 하는 졸업식 겸 시상식이다. 가족들이 마음을 모아 배웅하면 후회 없이 보내드릴 수 있다.

대에서 했다. 기저귀를 갈고 정기적으로 압박 배뇨를 하고 관장을 하는 것도 마찬가지였다.

열아홉, 스무째 날

소변이 점점 더 줄고 호흡이 갈수록 미약해졌다. 어머니는 대개 깊이 잠들어 있었다. 나는 여전히 정기적으로 가볍게 마사지를 하고 팔다리를 주물렀다. 어머니 귓가에 대고 마음속으로 염불을 외라고 속삭였다. 석가모니와 관세음보살이 어머니를 마중 나올 것이다. 어머니는 곧 당신을 사랑하는 어머니, 언니와 만날 것이다.

다른 가족들도 돌아가며 침대 옆에서 어머니 곁을 지켰다. 이따금 남몰래 눈물을 훔치고, 어머니의 손을 잡고서 나지막이 속삭였다. 감사의 말, 사랑의 말, 안심하라는 말을 전했다.

스물한째 날

새벽에 일어나 어머니의 맥박이 미약하고 부정맥이 있는 것을 알아챘다. 호흡도 짧고 얕아 얼른 가족에게 알렸다. 가족들이 속속 도착했다. 어머니를 본 뒤 거실에 모여 상조 회사에 연락해 어떤 준비를 해야 하는지, 뭘 물어봐야 할지 의논했다.

10분 후 어머니를 보러 들어가니 어머니는 편안한 얼굴이었다. 호흡을 하지 않는 것 같았다. 숨결이 느껴지지 않고, 맥박이

짚이지 않았다. 어머니의 따뜻한 가슴팍에 얼굴을 대봐도 심장 박동 소리가 들리지 않았다. 큰아들도 얼른 맥박을 짚어봤지만 더 이상 뛰지 않아 나직하게 말했다.

"할머니가 가셨습니다!"

나는 눈시울이 뜨거워졌다. 어머니의 이마에 입을 맞췄다.

"엄마, 마음 놓고 부처님 따라가세요. 할머니랑 이모가 마중 나오실 거예요!"

우리 가족은 어머니의 분부대로 아무도 울지 않았다. 어머니는 이 세상의 고통과 이별하고 구름처럼 온 천하를 유람하러 갔다. 아미타불!

어머니가 돌아가시고 2주 동안 꿈에 어머니가 세 번 나왔다. 모두 같은 장면이었다. 훨씬 젊은 모습의 어머니는 함박웃음을 짓고 있었다. 자연스레 가족들과 즐겁게 이야기했다. 어머니가 살아 계신 듯했다. 깨고 나서 어머니가 이미 떠나셨다는 걸 깨닫고 너무 아쉬웠지만 한편으로는 안도하며 가슴을 쓸어내렸다. 어머니는 자기 어머니와 사랑하는 언니를 만나 평온하고 자유롭게 지낼 게 틀림없다.

10장

생전 장례식

고형 음식을 완전히 끊은 지 엿새째 되는 날, 어머니는 눈에 띄게 앙상하고 쇠약해졌다. 누워 있는 시간이 대부분을 차지해 그렇게 좋아하던 드라마마저 오래 앉아서 보지 못했다. 어떤 자세로든 한 시간 동안 있으면 사지가 쑤신다고 했다. 나는 어머니가 더 오래 숙면하고, 고생스럽게 침대에서 일어났다 누웠다 할 필요가 없도록 진정제를 놓기로 했다.

진정제를 놓기 전날 저녁, 가족들이 거실에 모여 생전 장례식을 치렀다. 어머니가 여한이 없도록 살아오신 일생을 함께 회고하면서 당신의 가치를 보여드리고 이번 생의 즐거웠던 시간, 기억, 어머니에 대한 우리의 사랑, 존경, 감사의 마음을 가지고 가셨으면 했다.*

먼저 큰아들이 2주 동안 인터뷰한 내용을 바탕으로 어머니의 일생을 연대순으로 이야기했다. 사위와 손주들은 어머니의 생애를 잘 몰랐다. 우리 세 남매 역시 처음 듣는 이야기가 꽤 있었

단식 존엄사

다. 큰아들은 말하다가 가끔 호칭을 틀리곤 했다. 예를 들어 "할머니의 남편, 그러니까 할아버지 말이야!" 같은 말을 하면 모두 웃음보가 터졌다. 가끔 이야기의 앞뒤가 안 맞으면 할머니가 적당한 때에 보충해주었다. 아들은 노트북에서 대화문을 찾아 얼른 중간중간 끼워넣었다.

"할머니가 했던 호칭 그대로예요."

어머니가 당시에 했던 말은 "우리 아버지랑 남편 둘 다 돈을 중시했어. 동전에 24개 매듭을 지었지"였다.

"24개 매듭을 지었다는 게 무슨 말이에요?"

"한 번 매듭 지으면 매듭을 안 풀었다고. 돈이 들어오는 건 쉬

---

* 개인적으로 생후 장례식은 이미 떠난 분께 아무 의미 없다고 생각한다. 아무것도 보지도 듣지도 못하기 때문이다. 삶이 끝나기 전에 여건이 되어 생전 장례식을 올린다면 다음과 같이 떠나는 분과 가족에게 긍정적인 영향을 줄 수 있다.

1. 이번 생의 가치를 확인할 수 있다. 삶을 회고하면서 당사자와 가족 모두 한평생의 수고로움, 성과와 기쁨을 확인하고 되새길 수 있다. 곧 떠날 사람은 자기 삶이 가치 있었다는 것을 느끼고 이번 생의 자신에게 감사할 수 있다. 가족의 후회와 슬픔도 덜어준다.

2. 후회를 최소로 줄일 수 있다. 삶에서 남은 한, 찜찜한 일, 후회되는 일을 이번 기회에 풀고, 사과하고, 참회하고, 감사하며 떠나는 이와 남는 이 모두 여한 없이 평안할 수 있다.

3. 감사의 말과 사랑의 말을 건넬 수 있다. 아시아인은 감정 표현에 있어 다소 보수적인데 이번 기회에 마음속 진심을 가감 없이 표현할 수 있다. 떠나는 이는 사랑을 가득 느껴 만족스럽게 다음 생으로 떠날 수 있다.

4. 근심을 없앨 수 있다. 현대 사회의 가족은 저마다 흩어져 있다. 이번 기회에 가족이 함께 모여 영적 차원에서 서로 표현하고 소통하면 결속력을 높이고 가족 간의 정이 깊어진다. 떠나는 분은 유언을 전하고 근심 없이 훌훌 먼 길을 떠날 수 있다.

워도 나가는 건 어렵다는 말이야! 내 것도 다 자기 거고, 자기 것도 자기 거였어."*

어머니는 당신의 남편, 아버지와 맞지 않았다는 이야기를 할 때면 다른 사람들을 납득시키려 했다.

아버지는 어머니에게 '당신 아버지는 딸을 예뻐해서 딸이 하는 말만 쓸모 있다고 하신다'라고 하고, 할아버지는 어머니에게 '남편은 부인을 예뻐하니까 네가 남편한테 한마디 하는 게 다른 사람이 세 마디 하는 것보다 낫다'는 말을 했다고 한다. 그런데 사실 둘 다 어머니를 그렇게 예뻐하지 않았기 때문에 어머니는 어떤 말도 못 전했단다. 결국 양쪽에서 욕을 먹게 돼 가운데에서 새우 등만 터진 꼴이었다. 분명 슬픈 이야기였지만 어머니는 재미있고 실감나게 이야기했다. 또 재미있는 사투리를 배우느라 깔깔거렸다. 울고불고하는 이별이 아니었다.

아버지와 남편의 핍박을 받은 일은 어머니 인생에 있어 가장 큰 상처였다. 우리는 어머니의 넋두리를 듣고 그 분노에 공감하며 구시대적인 남자 어른들을 한목소리로 비난했다. 하지만 두 분 다 하늘에서 크게 후회하며 어머니의 희생에 감사하고 있을 거라고 어머니를 위로했다.

아버지가 중풍을 맞은 이후 몇 년간 주기적으로 신경질을 내

---

* '동전에 매듭을 24개 지었다'는 가운데에 구멍이 뚫린 동전에 매듭을 한번 지으면 풀지 않는 구두쇠를 일컫는 속담이다. ─ 옮긴이

단식 존엄사

며 땅에서 데굴데굴 구르거나 밖으로 뛰어내린다고 난리 쳤던 이야기가 나왔다. 이 일은 우리 모두 진작 알고 있었다. 어머니는 별일 아니라는 듯 말했다.

"내가 매번 무릎 꿇어야 가라앉곤 했지."

그러자 공기가 순식간에 얼어붙었다. 어머니는 이 비밀을 몇십 년 동안 지키다가 세상을 떠나기 전에야 털어놓은 것이다.

전에 아버지가 뛰어내리겠다고 소동 피울 때 남동생이 억지로 무릎 꿇은 일에 대해 어머니가 나에게 말해준 적이 있다. 나중에 남동생에게 물어보니 엄청난 굴욕이었다고 했다.

아버지는 대체 무슨 자격으로 현모양처를 무릎 꿇렸을까? 한 번도 아니고 말이다. 정말로 비인간적인 대우다. 가슴이 찢어지게 아팠지만 이런 마음은 숨겼다.

나는 짐짓 명랑하게 이 모욕을 관까지 가지고 가지 말라고 했다. 흔쾌히 말을 꺼내고, 듣고, 보이는 것도 일종의 치료나 다름없다. 마음이 찢어지고 분노가 치밀지만 어머니에게 부담을 주고 싶지 않았기에 그런 감정을 드러내지 않았다. 그 대신 어머니를 꼭 안아주고 머리를 쓰다듬으며 내가 마음 아파한다는 것을 보여줬다.

어머니는 수목장 자리가 아버지로부터 멀면 멀수록 좋겠다고 말하곤 했다. 다음 생에 아버지를 만나지 않는 게 가장 큰 소원이라는 점은 우리 가족 모두 확실히 알고 있었다.

어머니의 억울함을 우리 가족이 애석해하며 알아주는 것이 어쩌면 어머니의 가장 큰 응어리를 풀 수 있는 해결책일지도 모른다.

어머니는 재봉 일을 하면서도 우리 삼남매의 숙제를 봐주었는데 나로서는 신기하기만 하다. 우리 아버지는 참 대단했다. 본인이 초등학교 선생이면서 아이들 숙제 봐주는 일을 재봉하랴 집안일하랴 바쁜 아내에게 맡기다니! 어떤 친구는 우리 아버지가 대단한 집안에서 태어나 매일 밖에서 노는 게 익숙한 거라고 말했다. 집안이 잘나서가 아니라 아버지에게는 노는 게 우선순위였을 뿐이다.

이어서 큰아들은 열등감이 심하고 자신감도 없던 할머니가 담력을 키우기 위해 요가를 배우고, 주식을 하고, 패치워크를 배우며 이것저것에 뛰어난 솜씨를 발휘한 일에 초점을 맞췄다. 할머니가 흔쾌히 베풀었던 선행에 찬탄하며 아들은 말했다.

"할머니, 제일 대단한 게 뭔지 아세요?"

"뭔데 그러냐?"

"소뇌실조증 유전 확률은 자식들 각각 2분의 1인데 할머니 세 자녀 중 아무도 병에 안 걸렸잖아요. 그건 확률이 8분의 1밖에 안 된다고요!"

이 점은 확실히 어머니에게 가장 큰 위안이 됐다. 만약 우리 삼남매 중 누구라도 이 유전병에 걸렸다면 어머니는 자책감에 시달리며 한이 맺혔을 것이다.

아들은 어머니가 가족 한 사람 한 사람에게 남기는 당부를 기록했다. 우리 역시 어머니를 향한 우리의 사랑, 감사의 마음을 전했다. 우리 걱정은 내려놓으시라, 우리는 서로 돌봐주며 잘 지낼 거라고 말씀드렸다.

다음 순서로 남동생이 어머니의 일생을 회고하는 영상을 틀었다. 모두가 텔레비전 화면을 뚫어져라 보며 눈부신 미소를 지었다. 어머니의 가장 아름다운 시절이 담겨 있었다. 우리는 흑백 사진 시절 어머니가 재봉하는 모습, 중년에 친구와 세계 각지로 여행을 다니며 즐겁게 웃는 모습, 나의 두 아들과 함께 미국 연수를 떠나 근심거리 없던 시절, 이모들과 타이완에 있는 친척집에 방문해 기쁨이 가득한 얼굴, 발병 후 우리 자매와 해외여행 갔을 때 찍은 세 자매 같은 사진을 봤다.

그중에는 가족들 기억에 없는 사진도 많았다. 어머니는 즐겁게 당시 배경을 일일이 묘사해줬다. 고된 삶이었지만 아름다운 나날도 참 많았다.

이 임시 모임은 가족들과 어머니에게 깊은 의미가 있었다. 우리는 어머니를 기리고, 감사와 사랑의 말을 전할 수 있었다. 그리고 어머니 삶에서 유일하게 온 가족이 어머니를 주인공으로 모셔 어머니의 노력과 희생, 일생 동안 이룬 것들을 함께 보면서 진심으로 어머니에게 존경과 사랑을 표현한 자리였다.*

구시대 여인인 어머니가 신시대적 사고로 자신의 아름다운 마지막을 결정했기 때문에 21일간 가족들이 따뜻하게 동행할 수 있었다. 아쉬움과 이별하고, 자신의 존재 가치를 깨닫고, 마지막 인사를 건넸다. 마지막 인사를 건네는 일은 떠나는 자와 남는 자 모두 잘 지내기 위함이다. 계속 앞으로 나아가며 누구도 가로막히지 않기 위해서이다.

우리는 어머니의 생전 장례식을 치르며 눈물을 보이지 않았다. 어머니가 떠나기 전, 고단했지만 아름다웠던 일생을 함께 웃으며 회고했다. 마지막으로 어머니는 말했다.

"아주 만족스럽다! 난 훌훌 떠날 테니 울지 말거라."

어머니의 장례가 모두 끝난 후 귀신을 보는 한 가족이 생전 장례식 날 저녁에 관세음보살이 베란다에서 자애로운 웃음을 지으며 거실에 있는 우리를 보고 있었다고 말했다. 나는 문득 이 모든 게 부처님의 뜻이었음을 깨달았다. 만일 내가 전에 기도한 것

---

* 천룽지陳榮基,「의료인은 어떻게 환자의 안락사를 돕는가」,『安寧療護』, 2021, 6권 제2기, 12~16쪽. 천룽지 교수는 안락사의 정의에 다음이 포함된다고 했다.
1. 죽음 직전 인지와 충분한 준비를 할 수 있으니 가족에게 적절히 설명하고, 친구와 작별 인사하기.
2. 마음을 가라앉히고 죽음을 겸허히 받아들여 무의미하게 삶을 연장하지 않고 편안히 세상을 떠나기.
3. 분명히 결정하기.
4. 이번 생과 다른 사람에 대한 공헌을 긍정하기.
5. 사망할 장소를 자유롭게 정하기.
6. 사망 사흘 전까지 쾌적함과 신체의 청결을 유지하기.

처럼 어머니가 자다가 고통 없이 돌아가셨다면 아무 조짐 없이 가셨을 테고, 그러면 우리는 어머니와 함께 즐겁게 마무리하며 작별 인사를 할 틈도 없었을 것이다.

우리로서는 어머니가 인생의 마지막 길에서 삶과 죽음이라는 마지막 레슨을 해주신 것 같았다. 죽음은 이처럼 평온할 수 있기에 미지에서 오는, 죽음에 대한 공포가 사라졌다. 그래서 살아 있는 시간을 소중히 잘 활용해야겠다는 생각과 함께 후회 없이 용감하게 죽음을 마주하게끔 했다.

10장 생전 장례식

11
장

세 번 의 장례, 세 가 지 정

최근 8년 동안 잇따라 아버지, 시아버지, 어머니까지 장례를 세 번이나 치렀다. 세 장례는 아주 간단한 것부터 복잡한 것까지 각기 달랐다.

　　아버지의 장례식은 8년 전이었다. 여동생이 아버지를 위해 상조 서비스를 신청해두었는데 상담을 하다보니 빼고 싶은 항목이 많았다. 그런데 상조 회사에서 그렇게 하면 경제적이지 않다고 하기에 기존에 신청한 서비스 대신 우리가 이용한 것만 계산하는 방식으로 바꿨다.

　　우리는 부고를 알리거나 대외적으로 장례식을 공개하지 않았다. 장례식장에 작은 빈소를 마련해 정중앙에 아버지 영정 사진을 놓고 양쪽 제단에 생화를 깔았다. 앞쪽으로는 대여섯 줄의 자리를 마련했다. 이 빈소에서 가족끼리 몇 차례 모여 스님과 함께 아버지를 위한 염불을 외었다.

　　아버지의 시신은 돌아가신 당일 영안실에 안치했고, 발인 하루 전날 염습과 화장化粧을 한 후 수의를 입혔다. 발인하는 날에는 가족들이 고인을 참배하고, 염불을 외고, 제사를 지내고, 화장火葬한 다음, 신베이시에 있는 공립 장지에서 수목장으로 안장했다.

비용은 모두 9만 위안이 들었다. 근로자건강보험이 있는 자녀는 각자 장례보조금을 받을 수 있어 부담이 적었다. 상조 회사 입장에서는 기본적인 의식이었지만 환경보호가인 우리 어머니 눈에는 번거롭고 환경을 전혀 고려하지 않는 일이었다. 매일 지전을 한 뭉치씩 태우고, 생화, 과일, 발끝밥*을 많이 준비했기 때문이다.

어머니는 살아 있을 때 감자 한 알 먹는 게 죽고 나서 돼지머리 먹는 것보다 낫다고 했다. 그래서 자기 장례식은 아버지의 간소한 장례식보다 더 많이 생략하길 원했다. 먼저 여동생에게 수의를 만들어달라고 부탁했다. 그리고 상조 회사에 연락해 여자 장례지도사를 불러달라고 했다. 나와 여동생이 어머니에게 수의를 입혀 장례지도사가 따로 염습과 화장化粧을 할 필요 없도록 했다. 어머니는 영안실에 들어가지 않고 당일 바로 입관했다. 그리고 날을 따지지 않고 화장장 자리가 나자마자(사흘째 되는 날)

---

* 시신 옆에 두는 밥으로 고인이 배불리 먹고 떠나기를 염원하는 의미가 있다.—옮긴이

화장했다. 어머니도 신베이시에서 수목장했다.[*]

빈소 없이, 향을 피우지도 지전을 태우지도 않았다. 어머니는 우리에게 그저 두 손 모아 기도하면 된다고 했다. 부모님 모두 수목장하고, 집안에 위패를 모시지도 않았으니, 자연스레 성묘할 필요도 없어졌다. 어머니는 당신이 보고 싶으면 언제 어디서든 그리워하라며 굳이 어느 장소에 찾아가지 않아도 된다고 했다.

어머니가 돌아가시고 여덟 시간 동안 가족들은 침대 곁에서 「왕생주往生呪」를 염송했다. 불교 공부를 하는 친구는 영혼이 육체를 떠날 때 복잡한 경문을 이해할 여력이 없으니 '아미타불' 불호만 외면 된다고 했다.

우리는 스님께 추모 독경을 부탁드리지 않았다. 7재와 49재 때 가족들과의 식사 자리를 만들며 우리가 보고 싶으면 언제든 어머니가 반드시 보러 오시리라 믿었다. 어머니가 돌아가시고 첫 구정 때, 나는 결혼 후 처음으로 여동생과 함께 설날 초이튿날 친정에 와서 남동생과 밥을 먹으며 이야기했다. 전에는 어머니가 설날에 사람이 북적거리면 불편하다고 했는데 이제는 언제 와도 상관없었다.

아버지와 어머니는 모두 집에서 돌아가셨다. 아버지는 아흔

---

[*] 보통 삼일장을 하는 한국과 달리 타이완에서는 장례 기간이 제각각이다. 종교에 따라 다르기는 하지만 고인에게 발인하기 좋은 길일을 따지고 그날이 될 때까지 빈소에 모신다.—옮긴이

둘에 돌아가셨고 그 전날까지 평소처럼 식사하셨다. 관할 경찰서에 신고하니 당직 중인 의사가 30분도 채 안 되어 도착했다. 이틀간 상황이 어땠는지 간단히 묻고 호흡하는지 살펴본 뒤 맥박을 재고는 바로 사체검안서를 발급해주었다. 어머니가 돌아가셨을 때는 상조 회사에 전화했다. 그 회사에서 파견해준 의사도 금방 도착했다. 어머니가 소뇌실조증으로 20년 동안 투병하셨으며 최근 두 달 동안 음식을 잘 못 드셨고, 몸을 뒤집지 못했다는 우리의 설명을 듣고 맥박을 재더니 사체검안서를 발급해줬다. 소견란에는 '척수소뇌실조증으로 인한 조화 불능'이라고 적었다. 10분 남짓 동안 그 의사는 열 마디도 안 했다. 경험이 풍부한 그들은 딱 보면 아는 것 같았다!

어떤 친구는 어머니의 사후 뒷일을 어쩜 그렇게 간소화했느냐고 놀라워하며 부모님이 그런 장례식을 어떻게 거리낌 없이 받아들였는지 물었다. 곰곰이 생각해보니 아마 우리 아버지는 고아로서 홀로 타이완에 와 제사를 지내거나 성묘할 일이 없었기 때문이었던 것 같다. 어머니도 고아나 다름없어 아무 부담이 없었다. 친구는 진먼 사람으로 어렸을 때부터 조부모님을 따라 온갖 전통적인 풍습과 예절을 따랐던 터라 우리 어머니의 이야기를 듣고 큰 충격을 받은 모양이었다. 우리 시댁도 같은 사정이었기 때문에 나는 이해가 갔다.

시아버지는 치매로 12년간 와상생활을 했다. 그리고 음력 새해 초사흗날 자다가 돌아가셨다. 남편이 경찰서에 신고해 주소와 전화번호를 남기자, 보건국 당직 의사가 먼저 전화를 걸어왔다. 시아버지의 상황이 어떤지 묻더니 한 시간쯤 지나 도착해서 살펴보고는 사체검안서를 발급해줬다.

남편은 시아버지를 위해 상조 서비스를 신청해두었다. 상조 회사의 장례지도사가 금방 도착해 여덟 시간 동안 시신을 움직이지 말라고 당부했다. 나도 얼른 시댁으로 가서 남편의 제부가 뜨거운 수건으로 시아버지의 얼굴을 닦아주고, 오랫동안 닫히지 않던 입을 조금씩 밀어 다물어주는 모습을 지켜봤다. 자신의 아버지가 돌아가셨을 때 여동생이 가르쳐준 것이라고 했다. 그의 아버지도 치매로 몇 년 동안 고생하다 돌아가셨다.

거실에는 이미 빈소가 차려져 있었다. 천을 빙 둘러 공간을 만들고 그 안에 안치 냉장고를 들여놓았다. 돌아가신 지 여덟 시간이 되자 직원이 안치 냉장고를 두드리더니 문을 열어 시아버지의 시신을 발인하는 날까지 냉장고 안에 안치했다. 안치 냉장고는 거실에 놓여 있는데 발인은 16일 뒤로 정해진 것이 몹시 의아했다.

시부모님은 모두 커자런客家人*이라 불교와 도교가 혼합된 방식으로 장례 의식을 치렀다. 장례지도사는 매일 오전 8시 전에 부처님(그들은 시아버지를 부처라고 불렀다)을 깨워서 모셔야 한다

---

* 타이완의 민족 중 하나.—옮긴이

고 했다. 세숫물을 바꿔드리고, 칫솔에 치약을 새로 짜고, 서방극락세계의 세 성인(아미타불, 관세음보살, 대세지보살)과 시아버지께 향을 피우고, 금은보화(지전) 한 묶음을 태웠다. 저녁에는 시아버지를 재워드리고 앞에서 절을 했다. 매일 세 번씩 바이판을 올리며 향을 피우고 지전을 태워야 했다. 바이판은 가족이 직접 요리하면 안 되고(가족은 슬퍼하느라 음식을 준비할 수 없기 때문이다. 우리 집에는 외국인 간병인이 있어 다행이었다), 올릴 때는 시어머니가 아닌 자손이 해야 하며 한 번 올린 바이판은 버린다.

시아버지가 임종하신 뒤, 시댁에서는 지인에게 심려를 끼치지 말자며 가까운 소수의 친인척에게만 알렸다. 그런데도 몇십 명이나 오는 바람에 급히 옆에 천막을 치고 영결식을 했다. 사진을 정리해 추모 영상도 만들었는데 시아버지의 사진첩이 몇 권이나 될 줄은 몰랐다. 그중에는 자손들이 처음 보는 사진도 꽤 많았다. 사진을 정리하는 내내 집 안은 즐거운 웃음소리로 가득 찼다. 시아버지가 세계 각지를 여행한 사진도 볼 수 있었다. 자녀와 손자들은 여기는 우리가 갔던 곳이네, 거기서 찍었던 사진이네, 하며 쉴 새 없이 재잘거렸다!

사진을 감상하며 옛일을 추억했다. 시아버지는 아들을 끔찍이 사랑하는 아버지이자 책임감이 강한 장남이었다. 매년 구정마다 가족들을 모아 함께 밥을 먹고 단체 사진을 찍었다. 시누이는 소풍 갈 때마다 시어머니가 도시락과 용돈을 준 것과 별도로 시아버지가 돈을 주머니에 쑤셔넣어줬다고 했다. 그리고 시아버지가 세 자녀를 가장 소중히 여긴 탓에 시어머니를 고생시켰다고도 덧붙였다. 아이들이 방과 후 집에 오면 시아버지는 매번 아이들에게 줄 간식이 있는지 물어봤다고!

　시부모님은 우리 남편을 혼내거나 때린 적도 없다고 한다. 나와는 천지 차이였다. 시어머니는 모두가 잊고 있던 이야기를 꺼냈다. 남편은 어릴 때부터 순하고 공부도 잘했는데 어느 날 샤워하던 중 시아버지가 남편 엉덩이에 빨간 줄이 쭉쭉 그어져 있는 걸 보게 됐다. 남편은 같은 반 친구가 못되게 굴어 반 전체가 한 대씩 맞았다고 해명했다. 시아버지는 화가 머리 꼭대기까지 나서 학교로 달려가 선생님을 찾았다.

　"어떻게 아무 이유 없이 우리 애를 때릴 수 있죠!"

　남편은 그때 반장을 맡았기 때문에 규칙을 어기는 친구들 이름을 적어 선생님께 제출해야 했다. 그래서 어떤 친구들이 남편을 때리고 선생님을 따라 하며 빨간 펜으로 남편의 얼굴에 줄을 그은 적도 있었다. 시아버지는 또 학교로 찾아가 선생님에게 말했다.

　"이제 우리 아들 반장 시키지 마십시오!"

　시아버지의 장례 절차 가운데 가장 놀라웠던 일은 영결식 바로 전날 했던 염습이었다. 그날 오전 안치 냉장고의 전원을 끄고 선풍기 단계를 높여 해동했다. 밤 9시가 되자 장례지도사는 커다란 목욕 기계 한 대를 끌고 와서 시신을 올려놓은 뒤, 몸에 테이프를 붙였다. 그러고 고인 메이크업 전문가 세 명과 함께 몸을 씻기고, 안마를 하고, 수의를 입힌 뒤 화장化粧했다. 모든 단계 전에 메이크업 전문가는 우리를 불러 설명해주거나 어떤 동작을 하라고 시키거나 감사의 말을 하라고 했다.* 나는 장례지도사의 목소리를 듣고 깜짝 놀랐다. 장례지도사는 수심에 찬 눈빛으로 목멘 소리를 냈다. 시신을 보고 무의식중에 진심이 드러난 건지 이런 훈련을 받은 건지는 모르겠다. 정말 감동이었다. 많은 분이 애써주셔서 정말 감사하다.

가족들은 번갈아가며 시아버지를 향해 절했다. 시아버지께 물을 부어 상징적인 족욕을 해드리거나 신발을 만지거나 옷깃을 어루만졌다. 감사의 말로 안심시켜드리고 대대손손 잘 보살피겠다는 말을 전했다. 가족 대부분이 북받쳐 눈물을 흘렸다. 사위는 시아버지의 두 팔을 받쳐 들고, 며느리는 두 손으로 시아버지의 정수리 쪽을 움켜잡았다. 시어머니는 자녀들에게 아무 말도 하지 않았지만 그날은 시어머니의 감정도 다소 격해진 티가 났다. 두 눈과 얼굴이 조금 부어 있었다. 그날 밤에는 평소와 다르게 외국인 간병인에게 같이 자자고 하셨다고 한다.

---

* 임종 후 안색이 변하기 때문에 고인을 생전 모습과 최대한 비슷하게 화장한다. 장례지도사가 간단히 메이크업을 해주는 우리나라와 달리 타이완에서는 고인을 화장해주는 메이크업 전문가라는 직업이 따로 있다. ─옮긴이

몇 년 동안 수고해주신 외국인 간병인께 정말 감사드린다. 얼마나 마음 써주셨는지 모른다. 염을 막 시작했을 때 우리 가족은 시아버지의 시신을 직접 보기가 힘들어 거실에 모여 소곤소곤 이야기를 나누다가 장례지도사가 오라고 할 때만 들어갔다. 그런데 간병인은 마음 아파하는 낯빛으로 계속 옆에서 지켜봤다. 간병인은 시아버지를 자신의 아버지로 여기고 보살폈다고 했다. 간병인이야말로 시아버지를 가장 많이 챙긴 사람이었다.

7재와 49재 의식 독송은 꽤 길었다. 7재 때는 『불설아미타경』을, 49재 때는 『금강경』 『반야심경』 「신묘장구대다라니」 등을 독송했다. 평소에 경전을 읽고 『반야심경』을 필사하는 나와 큰고모 내외는 어렵지 않게 독송했다. 거사님이 독경하는데 경문 몇 단락이 슬프고 처량해 나는 코끝이 시큰해졌다. 다른 어른들은 이전에 경전을 전혀 접해보지 않았는데 기독교인인 작은고모가 독송하는 내내 어떤 느낌을 받았을지 모르겠다. 하지만 모두가 의례에 따라 예를 갖췄다. 작은고모는 향을 피우지 않고 두 손으로 기도했다. 모두가 '아미타불' 염불을 욀 때는 '아멘' 하고 말했다.

영결식이 끝나고 화장장으로 향했다. 화장을 기다리는 관이 많았다. 우리는 시아버지께 외쳤다.

"불길이 타오르니 얼른 뛰어가소서. 마음 놓고 부처님 따라 극락으로 가소서."

장례지도사는 우리에게 뒤돌아보지 말고 앞만 보고 걸어가

단식 존엄사

라고 했다.

'뒤돌아보지 말라'는 한마디에 가슴이 철렁해 그 자리에서 눈물을 뚝뚝 떨어트린 가족도 있었다.

모든 의식을 잘 마쳤다. 우리 모두 경험이 없었기에 장례지도사의 안내에 따랐다. 발인일이나 각종 의식에 필요한 것도 장례지도사의 의견에 따라 골랐다. 개인적으로 앞으로는 시대의 변화에 발맞춰 더 간단하고 환경을 보호하는 방식으로 바뀌었으면 한다. 특히 지전을 지나치게 많이 태우는 일에 대해 고민해봐야 한다. 주거지에 위치한 집 맞은편에는 유치원이 있는데 재칠*을 지낼 때마다 지전 한 통을 태우니 연기가 자욱해 이웃과 지구에게 미안했다. 이런 내 불평을 들은 장례지도사는 진짜 불교식 의식을 하려면 향을 피우거나 지전을 태우지 않아도 되지만 스님을 모셔 독송해야 한다고 했다. 당시에는 잘 몰랐기 때문에 거사님을 불러 독송했다. 그래서 반은 도교식, 반은 불교식으로 의식을 치렀다. 하지만 시댁은 원래부터 향을 피우고 지전을 태우는 습관이 있었으니 이런 방식이 시댁과 잘 어울렸다고 생각한다.

장례 기간은 총 17일이었다. 큰고모 내외가 이미 퇴직했고 남편은 근무가 자유로워 가능했지, 그러지 않았다면 감당 못 했을 것이다. 상조 서비스는 19만 위안이었고, 염습, 시신 냉장고 대여,

---

* 임종 후 7일 간격으로 49일 동안 올리는 재.—옮긴이

영결식 천막, 작은 버스 대절 등 7만 위안이 들어 총 26만 위안이 들었다. 일반 가정에서 꽤나 부담되는 액수다. 자본주의가 기형적으로 발전함에 따라 빈부 격차가 큰 사회에서 젊은이들은 스트레스가 크고 관념도 이미 바뀌었다. 앞으로는 간단하고 엄숙하면서 환경을 보호하는 의식으로 바뀌어야 한다. 공동묘지를 대대적으로 없애고 수목장을 한다면 더 경제적이고 환경도 보호할 수 있다.

집에 어른이 계시면 최대한 전통적인 방식으로 상을 치르는 게 좋다. 하지만 내가 떠날 때쯤에는 더 간소화되어 우리 자손들이 수월하게 그리고 지구와 사이좋게 할 수 있을 것이다. 전통도 조금씩 바뀌어야 하지 않을까?

나는 어떤 장례식을 하고 싶은지 친구가 물었다. 당연히 어머니와 같은 생각이다. 환경 보호가 우선이며 가족을 번거롭게 하고 싶지 않으니 간단할수록 좋다. 하지만 시집 가서 누군가 떠났을 때는 내 마음대로 결정할 수 없으니 그냥 운명에 맡기자!*

---

* 어머니는 아버지 장례식을 통해 더 간소하게 할 수 있는 방식을 찾았다. 어머니는 꼭 전통적으로 해야 한다고 생각하지 않았다. 환경을 보호하려는 신념이 강했고 자식들 귀찮게 하는 것을 싫어하는 성격이었다. 시어머니는 시아버지 상을 치르며 어떤 인상을 받은 듯했다. 딸에게 수의를 입혀달라고 했고 몸을 씻기지 않아도 된다고 했다.(염습 때 탈지면으로 몸을 닦아내는 한국과 달리, 타이완에서는 가족들을 참관시키고 시신 스파SPA 기구를 이용해 고인의 몸을 목욕시킨다. —옮긴이) 사실 시아버지도 자기 시신이 거실에서 씻길 줄은 몰랐을 것이다. 시어머니도 같은 경험을 하기 싫었을 테니 나는 그 마음이 충분히 이해됐다.

발관 존엄사라는 뜻밖의 여행

내가 블로그 '비비의 하늘'에 소소한 일상을 공유한 지 10여 년이 됐다. 어머니의 단식 존엄사는 아주 중대한 일이었기 때문에 당연히 블로그에 기록해두었다. 그런데 예상치 못한 일이 일어났다. 조회수가 폭발적으로 올라가며 댓글이 무수히 달리고, 네티즌들이 페이스북이나 다른 미디어에 내가 올린 게시물을 많이 공유했다. 그중 어떤 분이 가족의 발관 존엄사 여정에 함께해 달라고 부탁했던 특별한 경험이 있다. 이는 우리 사회에서 이런 도움을 필요로 하는 분들이 여전히 어려움을 겪고 있다는 것을 여실히 드러내며 이런 분들은 한 가정을 대표하기도 한다.

2021년 2월, 천陳 씨가 원장실로 편지 한 통을 보내왔다.

원장님, 안녕하세요.

저희 아버지는 대뇌위축 희귀병을 앓은 지 10년이 됐습니다. 4년 전부터 혼자 생활하는 게 완전히 불가능해졌고 이제는 숨 쉬고 눈동

자만 움직일 수 있습니다. 타이완대학 주치의 선생님이 더 할 수 있는 일이 없다고 하셨는데 호스피스 병동 입원 자격은 안 됩니다. 아버지의 모든 일상생활을 어머니가 도와주고 있지만, 몸 상태가 하루하루 악화되어 간병이 갈수록 어려워지는 상황입니다. 의료 시설이 거의 없는 시골에 계신 부모님의 생활은 지옥 같은데 벗어날 길이 없습니다. 최근에 인터넷에서 귀 원에 계신 비류잉 선생님이 어머니를 모시고 단식 존엄사를 수행한 글을 보고 외람되지만 편지를 쓰게 됐습니다. 혹시 비 선생님께 전달해주실 수 있는지요? 귀중한 시간 내주셔서 감사합니다. 답장 기다리겠습니다!

이 편지를 받자 어찌할 도리가 없는 일가족의 모습이 눈앞에 그려졌다. 나는 그날 저녁 전화로 연락을 취했다. 천 씨는 오랜 세월 동안 고생해온 이야기를 무겁게 풀어놓았다.

예순네 살의 천 선생은 10년 전 정서 지능, 언어 능력, 지적 기능을 상실하고 손발에 점점 힘이 빠져 여러 병원을 전전하다가 대뇌 전두엽과 측두엽이 퇴화된 희귀병Pick's disease 진단을 받았다. 발병 5년차에 이 병의 예후가 비참하다는 것을 알고 스위스 안락사 기관에 연락했다. 그러나 천 선생은 이미 컵을 들고 약을 마실 능력조차 잃었기 때문에 규정에 부적합하다는 판단을 받았다(지금은 기술을 이용해 신체 일부분을 스스로 움직일 수만 있으면 가능하다. 하지만 의식이 또렷해야 한다).

발병 6년차에 접어들자 연하곤란으로 인해 반복적으로 흡인성 폐렴에 걸려 경피적내시경위루술을 받았다. 당시에 이미 휠체어에 앉아 생활했고 대부분 침대에 누워 지냈으며 부인이 홀로 간병했다. 자녀 세 명 중 두 명은 외국에 있었고 한 명은 타지에서 일하고 있었다.

천 선생의 부인은 4년 전 심신이 지칠 대로 지쳐 너싱홈nursing home 여덟 군데를 방문했으나 그런 환경에서는 환자가 존엄한 죽음을 맞이할 수 없을 것 같았다. 남편을 그곳에 모질게 두고 올 수는 없어 이를 악물고 혼자 보살폈다. 부인의 간병 이야기를 들으면 그렇게 꼼꼼할 수가 없다. 낮에 한 시간마다 환자의 몸을 뒤집어 안마해준 다음 일으켜 휠체어에 앉힌 덕분에 욕창이 생긴 적 없었다고 한다. 발진이 생길까봐 걱정돼 저녁에만 기저귀를 채우고 낮에는 웬만하면 화장실까지 안고 가 대소변을 해결하게 했다. 천 선생은 배뇨 문제가 있어 부인이 일정하게 압박 배뇨를 해주고 도뇨관은 삽입하지 않았다. 매일 위루관으로 경관식 여섯 캔을 주고 중간중간 수분도 보충해줬다. 침과 분비물 때문에 사레들리거나 흡인성 폐렴에 걸리기 쉬워 병원에 몇 차례 입원하기도 했다. 그래서 부인은 집에 가래흡입기를 한 대 사두고 자주 석션해줬다. 환자는 이를 꽉 깨물고 있어 석션하려면 엄청난 인내심과 기술이 필요했다. 혼자 천 선생을 안고 변기 발받침에 앉아 목욕시키는 일은 정말 쉽지 않았을 것이다!

단식 존엄사

천 씨 부인은 홀로 병간호를 10년이나 했다. 부인은 자신이 힘든 건 괜찮은데 남편이 고생하는 모습을 보는 게 견디기 힘들다고 했다. 게다가 오랫동안 수면 부족에 시달린 탓에 미래를 암담해하며 우울 증세를 자주 보였다. 자녀들은 부모님이 고생하고 특히 어머니가 힘들어하시니, 아버지가 일찍이 표현한 염원을 존중하여 부모님이 한시라도 빨리 고통에서 벗어나길 바랐다. 하지만 방도가 없었다.

나는 점진적으로 음식 섭취를 줄여나가 한 달쯤 지나면 천 선생은 편히 쉴 수 있을 거라 조언했다. 해외에서 환자가 발관하고 2주 뒤 임종했다는 기사를 본 적이 있다. 가족들은 걱정스레 물었다.

"음식 섭취를 중단하는 게 합법인가요? 유기죄로 고소당하는 거 아니에요?"

'환자 자주 권리법'은 2019년부터 시행됐다. 회복될 가망이 없는 심각한 치매 환자는 의료 기구를 제거할 수 있다!

"근데 우리 아버지는 '사전의료결정서'에 서명 안 했어요."

"어머니가 동의서에 대신 서명하시면 될걸요."(나중에 내가 잘못 알고 있었다는 것을 알게 됐다.)

다른 질문도 했다. "음식 섭취를 중단하고 만약 환자 몸이 적응을 못 하면 어떻게 해야 하나요? 의료기관에 도움을 요청해야 하나요?" 나는 근방에 있는 호스피스를 찾아갈 것을 제안했다.

며칠 후 천 씨 부인에게 연락이 왔다. 완화의료과 의사에게 진찰을 받았는데 간병을 아주 잘했다며 칭찬받았다고 했다. 완곡한 거절인 듯해 가족들은 더 묻지 못했다고 한다. 가족들에게는 여전히 이러한 결정이 오류에서 벗어나는 건 아닌지 찜찜한 마음이 남아 있었다. 나는 매우 놀랐다. 완화의료과 의사가 쓴 여러 책에는 중증 치매 환자, 반신불수 환자는 제대로 생활하기 힘들고 존엄성을 지키기 어려우니 완화의료를 통한 무의미한 생명 연장을 하지 말자고 하나같이 주장했었단 말이다!

나는 인터넷으로 그 지역에 있는 호스피스 병원을 찾았다. 마침 어떤 병원의 부원장이 내 친구여서 이 친구를 통해 그 의사에게 연락했다. 그 의사가 내 이야기를 듣고 한 첫 마디는 이랬다.

"근데 우리는 급한 환자만 받는 병동입니다. 환자는 임종 전에 집에 가야 하고요."

예상 밖의 답변이었다.

'암 말기 환자도 꼭 집에서 임종해야 하나?'

나는 친구에게 중재를 부탁했으나 돌아온 답은 더욱더 가관이었다.

"그건 인위적인 죽음입니다. 우리 호스피스 정신과 맞지 않습니다."

이렇게까지 거절하는데 무리하게 요구해봤자 소용없을 터였다. 순탄치 않자 나는 차선책을 택했다. 가정 호스피스센터를 찾

단식 존엄사

아 환자를 집에 모시고 필요한 도움을 받는 게 좋겠다고 생각했다. 인터넷으로 찾다가 현縣 위생국의 장기 돌봄 홈페이지에 각 행정 구역 호스피스 담당 기관이 안내되어 있는 것을 발견했다. 나는 담당 직원과 통화해 천 선생 댁에 방문한다는 약속을 받았다. 하지만 가족들은 그 직원으로부터 자신들은 협력 의사가 없기 때문에 의사의 처치나 약물이 필요할 경우 반드시 어떤 병원에 문건을 보내야 한다는 말을 들었다. 그런데 그 어떤 병원은 바로 '간병을 아주 잘하셨네요'라고 칭찬한 완화의료과 의사가 있는 곳이었다. 돌고 돌아 원점으로 돌아오고 나서야 내가 너무 낙관적이었다는 생각이 들었다.

해외에 있던 천 선생의 아들딸은 이미 휴가를 쓰고 귀국했다. 마침 코로나9 방역 때문에 2주 동안 격리해야 했다. 타이완에 머물 수 있는 시간은 한 달 반밖에 안 됐다. 돌아가면 다시 2주를 격리해야 했다. 나의 권고로 천 씨는 영양물 섭취를 여섯 캔에서 두 캔으로 줄인 뒤였다. 상황이 긴박했다. 나는 예사롭지 않게 돌아가는 상황에 압박을 받았다.

의사 친구들과의 모임에서 나는 이 고민을 털어놨다. 왜 정부가 몇 년이나 논의하고 나서야 '환자 자주 권리법'을 시행했는지, 왜 완화의료 단체의 부대 서비스가 없는지 불평을 늘어놓으며 환자의 발관 존엄사를 돕고 싶은데 자꾸 난관에 부딪친다고 했다. 그러자 법학 학위가 있는 친구가 말했다.

"'환자 자주 권리법'은 지적 능력이 20세 이상인 온전한 행위 능력자한테만 적용돼. 혼수상태이거나 행위불가자는 가족이 대신 동의서에 서명 못 한다!?"

"어떻게 그럴 수 있어? 급환이나 중상으로 혼수상태인 그 많은 환자는 가족들이 치료 포기를 결정하잖아!"

"'안녕완화의료조례'에 근거해서 환자가 의사 표현을 못 할 때 가족이 응급 처치 거절 동의서에 서명하고 연명의료를 중단할 수 있어. 그런데 '안녕완화의료조례'는 말기 환자한테만 적용돼. 식물인간은 말기에 속하지 않잖아."

나는 다른 사람을 돕기 위해 일이 이치에 맞는지만 따지고 법률이 그렇게 복잡한지 몰랐는데 그 친구 덕분에 알게 돼 다행이었다.

'환자 자주 권리법'은 자유로운 의사 결정을 할 수 있는 사람을 대상으로 한다. 이미 삽관해 병상생활 중이거나 거동이 어려운 수십만 명은 갈 길이 없는 것인가? 2019년에 시행된 '환자 자주 권리법'에서는 혼수상태인 환자의 가족이 대리 서명할 수 없고, 2000년에 시행된 '안녕완화의료조례'에서만 가능하다. 정말 헷갈리기 십상이다!

인터넷으로 '안녕완화의료조례'를 찾아봤다.

• 말기 환자: 중대한 부상을 입은 환자로서 의사의 치료 불가 진단

을 받고 이에 대한 의학적 증거가 있으며 가까운 시일 내에 병증이 진행되어 사망을 피하기 힘든 자.

- 연명치료: 말기 환자의 생명 징후를 유지하기 위해 이루어지지만 치료 효과가 없고 임종에 이르는 과정만 연장하는 의료 처치.

- 동의서: 말기 환자가 '의원서'에 서명하지 않은 상황에서 의식이 혼미해지거나 자신의 의사를 표현할 수 없게 됐을 때, 최근친(배우자, 부모, 자녀, 손자녀)이 대리로 서명할 수 있다. 동의서는 말기 환자가 의식이 혼미해지거나 의사를 표현할 수 없게 되기 이전에 명시한 것과 반대되지 않아야 한다.

여기에 애매한 부분이 두 군데 있다. '가까운 시일 내에 병증이 진행되어 사망을 피하기 힘든 자'를 어떻게 정의내릴 것인가? 누구는 1년 이내라고 하고, 누구는 반년 이내라고 할 것이다. 의사 두 명이 판단을 내려야 한다. 그리고 어떤 전문가는 지속 식물 상태를 말기라고 보지 않는다. 나의 관점에서는 황당무계하기 짝이 없다. 누군가가 24시간 성심성의껏 돌보지 않고, 튜브로 영양 공급조차 안 한다면 어떤 식물인간이 반년 넘게 살 수 있겠는가? 조금만 소홀히 해도 환자는 흡인성 폐렴이나 요도염이나 욕창으로 인한 패혈증에 걸려 사망할 것이다. 이미 의식적 행동을 할 수 있는 모든 기능을 상실한 식물인간이 왜 말기 환자가 아니란 말인가?

또 다른 문제는 환자 생명 유지의 상징인 '연명치료'는 무엇을 포함하는가이다. '환자 자주 권리법' 제3조 제1항에서는 이를 '환자 생명을 연장하는 데 필요한 모든 의료 처치'라고 정의하고 있다. 예를 들어 심폐소생술, 기계적 생명유지장치, 혈액제제, 특정 질환을 위한 전문 의료, 중증 감염 시 투여하는 항생제 등 생명을 연장시키는 치료들이다. 여기서 튜브 영양법에 대한 항목은 찾아볼 수 없다. '환자 자주 권리법'에 의거한 '사전의료결정서'에 서명할 때, '의원서'를 작성한 사람은 연명치료 외에도 추가적으로 '인공영양 및 수액 투여' 항목을 거절하거나 제거할 수 있다.* 2021년 개정된 '안녕완화의료조례'에도 '연명치료'에 튜브 영양법이 포함되는지 명시하지 않았다.

완화의료과 의사인 친구는 환자 가족이 비위관 제거를 요구한다고 해도 돕지 말라고 조언했다. 나중에 슬픔을 견디지 못하고 내가 발관을 도와준 탓에 가족을 죽게 만들었다고 고소할 수 있다고 했다. 비위관을 제거하는 일은 의사가 법적 보호를 받지 못하고, 호흡기 같은 것을 제거하는 일만 법적으로 보장받는다.

---

* 타이완에서 2000년에 제정 및 공포된 '안녕완화의료조례'에 의거해 연명의료 등에 대한 본인의 의사를 밝힌 '의원서'를 작성하고 서명할 수 있다. 또한 2019년부터 시행된 '환자 자주 권리법'에 의거해 환자, 가족, 의사 등이 논의와 소통을 거쳐 '사전돌봄계획'과 '사전의료결정'을 할 수 있다. '환자 자주 권리법'은 환자의 자기결정권을 본격적으로 도입해 환자 사전돌봄계획을 가족이나 의료진이 아닌 환자 본인이 하게 되었다는 데 시사점이 있다. 상세한 내용은 13장 참고. ─ 옮긴이

기어코 발관해야 한다면 가족이 손수 식사 수발을 해주는 게 좋다.* 그러면 환자는 유기되거나 굶어 죽은 게 아니기 때문에 논란을 피할 수 있다. 그리고 식사 수발을 해주는 것이 비위관보다 덜 위험하며 흡인성 폐렴에 걸릴 위험도 낮춰준다. 하지만 전문가

---

* 「말기 치매 사례의 가정형 호스피스 경험─末期失智個案之居家安寧照護經驗」, 『台灣家醫誌』, 2018, 제28기, 45~53쪽. 비위관을 유지하면 환자는 아주 불편함을 느낀다. 그리고 장기적으로 비위관을 유지할 경우 흡인성 폐렴에 걸릴 수 있다. 그러니 연하장애 초기에 '식사 수발' 케어를 하는 것이 대체 방안이 될 수 있다. 방법은 아래와 같다(문의 사항이 있으면 재활학과 언어치료사에게 문의하면 된다).

1. 정신이 맑고 몸 컨디션이 비교적 좋을 때 식사를 한다.
2. 돌봄인과 환자는 마주 보고 앉는다. 식사 수발 과정에 매우 집중해야 한다.
3. 식사 전에 입안을 깨끗이 하고 적신다.
4. 환자는 상반신을 곧게 편 채로 목을 살짝 앞으로 기울인다. 이 자세는 사레들리는 것을 예방한다.
5. 환자가 좋아하는 음식과 식사 환경을 조성한다. 가족이나 친구와 함께 식사해도 괜찮다. 식사의 즐거움을 높일 수 있다.
6. 음식의 감각기관(시각, 후각, 따뜻함과 차가움, 미각 등)을 중시한다. 환자의 식욕 및 연하 능력을 개선한다.
7. 가능한 한 균일하게 음식의 모양, 농도, 습도, 강도, 점도 등에 주의한다.
8. 한 번에 섭취하는 음식량을 줄여 적게 자주 식사한다. 한입 크기는 티스푼보다 작게 한다. 되도록 정시에 정량을 섭취한다.
9. 농축한 고단백질과 고칼로리를 배합해 영양소와 칼로리를 보충한다.
10. 사레들릴 때는 액체 식품에 증점제를 첨가한다. 연근 가루나 약국에서 판매하는 점도조절제 같은 것들이 있다.
11. 급하고 강박적으로 수발 보조를 하면 안 된다. 한 입씩 주기 전에 입안에 남은 음식이 없는지 확인한다.
12. 돌봄인은 환자의 비언어적 표현에 유의하며 연하곤란이 있거나 목에 걸리지는 않았는지 확인한다.
13. 특수 용기, 역류 방지 빨대, 논슬립패드 등의 식기 도구를 사용한다.
14. 식사 수발이 끝나면 전동 침대 각도를 최소 30도로 높여 적어도 한 시간 이상 유지해 음식이나 위산 역류를 방지한다.

의 지도 아래 행해야 한다. 그런데 천 선생은 개구장애가 있어 이 것이 거의 불가능했다. 가족들이 나중에 두말하지 않기를 바랄 수밖에 없었다.

어쩔 수 없이 나와 일면식은 없지만 말기 환자에게 삽관해서 생명을 무의미하게 연장하지 말자고 주장하는 천슈단陳秀丹 의사 에게 전화를 걸었다.* 천 원장도 나와 같은 이념을 갖고 있어 말 이 잘 통했다. 천 원장은 환자를 자신의 개업 병원에 입원시킬 것을 제안하며(이란 양밍陽明부설병원) 가족의 심리치료를 포함해 환자의 완벽한 임종을 도와주겠다고 했다. 그러나 아쉽게도 천 씨는 타오위안에 살기 때문에 거리가 아득히 멀어 가족들은 곤 란해했다. 나는 천 원장에게 타오위안에 있는 병원 소개를 부탁 했다.

기다리는 동안 천 씨 부인도 대책을 강구했다. 천 씨는 예전 에 병원에서 폐결핵에 전염돼 근처 보건소의 수간호사가 정기적 으로 약을 가지고 방문(치료 과정은 9개월이었다)했기 때문에 수 간호사와 친했다. 천 씨 가족의 생각에 동감한 수간호사는 집에 서 4킬로미터 근방에 있는 병원에 연락해보겠다고 했다. 입원할 수 있기를 간절히 바랐다. 음식물 섭취를 중단한 후의 말기 돌봄 은 그렇게 복잡하지 않아서 호스피스 병동에 입원해야 하는 것

---

* 陳秀丹, 『向殘酷的仁慈說再見: 一位加護病房醫師的善終宣言』, 三采文化, 2010.

단식 존엄사

은 아니므로 집에서 가까운 게 최고다. 우리는 얌전히 소식을 기다렸다.

그리고 일주일 간격으로 천 씨의 아들딸이 격리를 끝내고 집으로 왔다. 친한 친구들도 간소한 생전 장례식에 조문을 왔다. 영양 공급을 한 병으로 줄이니 환자는 점점 쇠약해졌다. 그런데 수간호사는 모든 일을 규율대로 해야 한다는 소식을 전했다. 이 말인즉슨 그를 받아주는 병원을 못 찾았다는 의미였다. 천 씨 부인은 이미 최악의 결정을 내렸다.

"하는 수 없이, 제가 해야겠군요!"

나의 조바심에 비하면 천 씨 부인은 솥 안의 개미처럼 마음을 바싹 졸이고 있는 게 틀림없었다.

속수무책이던 와중에, 천 원장이 타이베이 룽민쭝 병원의 타이오위안 분원에 있는 완화의료과 두쥔이杜俊毅 의사가 도와줄 수 있다는 정보를 전해줬다. 정말 단비 같았다. 천 씨 부인은 바로 접수했다. 병력 요약본, 천 선생이 5년 전 직접 했던 '응급 처치 거부' 서명, 천 선생의 현재 상태에 관한 기록을 챙겨 갔다. 두杜 원장이 꼼꼼히 문진하고 서류를 검토한 다음, 그 자리에서 입원증을 끊어준 덕분에 이튿날 바로 그 병원의 호스피스 병동에 입원할 수 있었다. 나는 이 소식을 듣고 한결 홀가분해졌다. 천 부인도 말했다.

"보살님이 우리의 기도를 들으셨나봅니다. 드디어 귀인을 만

12장 발관 존엄사라는 뜻밖의 여행

났어요."

입원 후 의료진은 상세한 진단을 거쳐 병세가 악화된 것을 확인하고, 합병증이 자주 유발돼 치매 말기 진단에 적합하다는 판단을 내렸다. 호스피스 완화의료팀(의사, 간호사, 심리치료사, 사회복지사, 성직자)은 천 씨 부인, 세 자녀와 온라인 회의를 열어 환자의 병의 경과, 좋아했던 것, 가치관을 공유했다. 천 씨의 소화 능력이 점점 더 악화되어 튜브 영양법은 아무 도움이 안 됐다. 각종 기능을 상실한 탓에 현저히 낮아진 삶의 질 역시 그에게 큰 고통이었다.

병세를 보아 가까운 시일 내에 사망을 유발하거나 삶의 질이 더 낮아질 것이 불가피해 환자에게 가장 이익이 되는 길을 고려하여 호스피스 완화의료를 결정했다. 돌봄 기간 동안 환자의 고통을 줄이고 튜브 영양법을 중단하여 환자가 임종에 이르는 과정을 연장하지 않도록 했다.

호스피스센터의 세심한 돌봄을 받은 천 씨는 몸 상태가 완화됐다. 표정이 온화해지고 어떤 때는 부인을 바라보며 위로를 내비치는 듯했다. 입원한 지 이틀이 지났을 때 경관영양을 중단하고 구강 돌봄은 지속했다. 침과 가래가 점점 줄어 가래 빼내기로 인한 고통도 경감됐다. 원래 복용하던 섬망과 불면증 약은 계속 복용하고, 복부를 압박하는 힘을 더 실어 배변 활동을 도왔다. 8일째 되는 날, 내복약을 주사약으로 바꿔도 효과가 같다는 것

단식 존엄사

을 확인한 후 위루관을 제거했다. 돌봄 과정 중 호스피스 완화의료팀은 시시각각 부인과 자녀들에게 관심을 가지며 네 가지(감사 인사하기, 사랑 전하기, 사과하기, 고별하기) 방식을 통해 환자와 영적 교류를 하도록 돕고 서로 응원하도록 했다. 심리치료사는 모든 가족 구성원에게 천 씨의 삶을 사진과 함께 기록해보라고 한 뒤 '인생 책'을 만들어 가족들이 기념으로 소장할 수 있게 해주었다. 입원한 지 열흘째, 온 가족이 곁에서 함께하는 가운데 천 선생은 극락왕생했다. 아미타불! 만사가 순조로웠다.

호스피스 병동에서 마음을 다해 일하는 분들은 정말 인간 보살님이 따로 없다.

천 씨 부인이 편지를 전했다.

지난 10년은 몸소 경험해본 사람만이 알 수 있는 힘든 시기였습니다. 그동안 도와주는 이 한 명 없이 운명에 맡기며 살았습니다. 하늘의 도움으로 인터넷에서 비 선생님 기사를 보게 되었는데 망망대해에 떠 있는 나무배 같았지요. 얼마나 감사한지 그 마음을 차마 말로 표현 못 할 정도입니다. 몇 년 동안 홀로 무리하게 참으며 간병을 해왔습니다. 가끔은 이러다 내가 먼저 떠나는 건 아닐지 걱정도 됐습니다. 안락사법이 아직 통과되지 않았으니 '발관 운동'*이 최선이겠지요. 비 선생님께서 순조롭게 널리 보급하시기를 바랍니다. 앞으로 기회가 된다면 저도 도움이 필요한 다른 사람들을 돕고 싶네요.

드디어 3개월 동안 좇아온 대단원의 막을 내렸다. 이렇게 상세히 글로 남기는 것은 이 일이 기본 인권에 부합하는 선종의 길이라는 것을 드러내고 싶었기 때문이다. 온 가족이 어렵게 합의를 본 상황인데도 불구하고 이렇게 고단할 줄이야.

---

* '발관 운동'이란 천 씨 부인과 내가 생각해낸 것이다. 향후 모든 도시에서 그러한 일을 필요로 하는 환자가 같은 이념을 지닌 의료진을 만나 순조롭게 떠날 수 있기를 바란다. '환자 자주 권리법'이 시행되고 의식이 온전한 모든 사람은 '사전의료결정서'에 서명함으로써 삽관을 통해 오랫동안 와상생활을 해야 하는 비참한 운명을 피할 수 있게 되었다. 이미 삽관한 와상 환자 수십만 명도 마땅히 존엄사를 택할 권리가 있다. 눈앞에 있는 큰 문제를 최대한 빨리 해결해 사회적 비극과 의료 자원의 낭비를 줄여야 하지만 현재로서는 어찌할 수 없다. 천 선생은 하늘이 보내준 보살이다. 나는 연구하는 동안 그에게 존엄사의 길이 매우 험난하다는 것을 깨달았다. 법의 허점 때문에 완화의료학계가 인지하는 바와 행하는 방식이 다르다. 그러므로 앞으로 더욱 노력해야 한다!

단식 존엄사

13장

존엄사 권리에 대한 입법 역사

존엄사는 말 그대로 고통 없는 좋은 죽음a good death이다.

20세기 중엽 전에는 국민의 생활이 어렵고 의술도 발전하지 않아서 치료하기 힘든 병에 걸리거나 늙고 기력이 쇠하면 대부분 집에서 평온하게 임종했다. 제2차 세계대전이 끝나고 사회 경제가 좋아지면서 국민의 교육 수준도 올라갔다. 중증 환자 치료가 가능해질 정도로 의료 기술이 발전하자 평균 수명이 늘어났고 점점 더 많은 사람이 병원에서 임종을 맞았다. 21세기가 되고 일본 통계에 의하면 80퍼센트가 병원이나 기관에서 사망한다고 한다.

내가 의료업에 종사한 지난 20~30년(1980년에 대학교를 졸업했다) 동안, 병원에서 일할 때 999(구해줘, 구해줘, 구해줘), 9595(나를 구해줘, 나를 구해줘, 나를 구해줘)*가 불시에 울리곤 했다. 의료

---

* 중국어로 '나'를 '워'라고 하고 '5'를 '우'라고 읽어 서로 독음이 비슷하다. — 옮긴이

진은 그 호출기 소리를 듣자마자 경계 태세를 갖추고 병실과 가까이 있는 의료진은 모두 달려가 서포트했다. 나중에는 전문적으로 응급 치료를 담당하는 팀이 생겼다. 병원에서 호흡 정지, 심정지가 온 대부분의 환자는 심폐소생술을 받는다. 원래 심폐소생술은 긴급한 상황에서만 시행했다. 예를 들면 익사, 화재, 기도 폐쇄, 교통사고, 중독, 구타, 의식 불명처럼 우발사고 같은 상황이다. 응급 치료를 통해 많은 환자의 목숨을 살려내고 성공적으로 기능을 되돌릴 수 있다. 하지만 병원에서는 말기 환자나 목숨이 위태로워 응급 처치로 살려내더라도 며칠 못 사는 환자까지 있는 힘을 다해 치료한다.* 전체 과정은 보통 30분에 달한다. 젊은 의사는 병상 위로 뛰어 올라가 흉부를 압박한다(체외식 심장마사지, 이제는 기계로 대신할 수 있다). 다른 이들은 삽관하고, 암부백을 누르고(공기 주입), 수액을 맞히고, 강심제 주사를 놓고, 심장충격

---

* 과거에 임종 직전의 환자도 대부분 심폐소생술을 받은 데는 법적인 배경이 있다. 의료법 제60조: 병원, 의원에서 위급 환자 발생 시, 적당한 응급 처치를 취하며 인원과 시설에 따라 치료하거나 필요한 처치를 한다. 특별한 이유 없이 지연하면 안 된다. 의사법 제21조: 의사는 위급한 환자에게 전문 능력에 따라 치료하거나 필요한 처치를 한다. 특별한 이유 없이 지연하면 안 된다. 간호사법 제26조: 간호인은 업무를 수행하다가 위급한 환자를 만나면 즉시 의사에게 연락한다. 하지만 필요시에 긴급구조 조치를 취한다. 이와 같은 법규 때문에 의료인이 위급 환자에게 응급 처치를 하지 않으면 환자 가족과 의료 분쟁에 휘말릴 수 있다. 그래서 많은 의료인은 응급 처치가 효과 없을 가능성이 크다는 것을 알면서도 의료 분쟁을 피하기 위해 의료 행위를 한다. '특별한 이유 없이 지연하면' 소송당할 수 있다. 단 환자가 미리 '심폐소생술 포기 동의서DNR, Do Not Resuscitate'에 서명했을 때는 의사가 응급 처치를 하지 않아도 법적 보장을 받는다.

기를 사용한다. 환자가 사망하고 잠시 뒤 의사는 사망 선고를 내린다. 30분 이상 소요되는 응급 처치는 대개 불필요한 것들이다. 가족이 서둘러 도착하기를 기다리거나 의료진이 전력을 다함으로써 가족을 위안하기 위한 목적이다. 어떤 가족은 어찌 되든 끝까지 살려보기를 원하며 포기하지 못한다.

예전에 타이완대학병원 외과중환자실에서 일하는 의사 황성젠黃勝堅이 선생님으로부터 '의사의 소명은 사람을 살리는 일이다. 필사적으로 살려라!'라는 가르침은 받았는데 의료 한계에 직면해 환자를 살릴 수 없을 경우 어떻게 해야 하는지는 배운 적이 없다고 했다.* 한번은 응급 처치를 30분 넘게 했더니 환자의 동생이 용감히 나서서 이렇게 말했다고 한다.

"의사 선생님, 고생하셨습니다. 이제 그만 놔주세요. 우리 언니가 더 괴로운 건 싫어요!"

그제야 황 의사는 '환자를 구하는 소명의식'이라는 말이 그의 머릿속을 옭아매 멈출 수 없었음을 깨달았다. 환자는 갈비뼈가 부러지고 가슴팍은 충격기로 검게 그을린 채 피를 토하는 결과가 초래됐다.

최근 10년간 의학계에서 반성의 물결이 점점 나타났다. 오늘날 우리는 이것을 가혹한 '사망 세트' 형벌이라고 부른다. 병원 문

---

* 黃勝堅, 『生死迷藏』, 大塊文化, 2010.

196
단식 존엄사

화를 잘 아는 의료진은 하나같이 자신은 이렇게 고통스럽게 죽지 않을 것이라 선언했다. 의사인 나카무라도 『편안한 죽음을 맞으려면 의사를 멀리하라』에서 '의료사'하고 싶지 않음을 분명히 밝혔다. 의사이자 전 보건국장 예진찬葉金川은 '내가 의식을 잃으면 의사를 불러 나를 능지처참하지 말 것'을 유서에 남겼다. 타이완대학 의과대학 전 원장 셰보성謝博生 교수 역시 노년기에 존엄사를 알리며 효과 없는 의료를 지양해 사회, 가정, 의료 자본의 낭비를 줄이기를 바랐다. 새벽에 뇌졸중이 심하게 왔을 때 가족들이 그의 생전 바람대로 병원에 보내지 않았기에 그는 집에서 자연사할 수 있었다. 시신은 타이완대학 의과대학 해부학과에 기증해 참된 스승의 면모를 보여줬다. 세 교수님의 서거 소식을 뉴스로 접하고 마음이 몹시 아팠다. 교수님의 선택에 대해 듣게 된 나는 교수님과 가족의 지혜에 진심으로 감탄했다.

의료 과학 기술이 발전해 건강보험이 실시된 후, 집집마다 연장자나 중병을 앓고 있는 환자는 오랜 세월을 보내고 나서야 세상을 떠나는 비참한 경험을 했다. 이렇게 장기간 와상 환자로 지낸 분들은 가족들에게 삶과 죽음의 과정을 몸소 보여주고 떠났다. 남은 가족은 나중에 절대로 이렇게 힘들게 살고 싶진 않다는 생각을 하게 됐다. 존엄사에 대한 국민의 수요는 날로 늘어나고 있다. 『생의 수레바퀴』의 저자 엘리자베스 퀴블러 로스는 일찍이 1969년 『죽음과 죽어감』을 출간해 임종 돌봄과 존엄한 죽음의 중요성을 강조했다. 타이완 의학계에는 대체 언제쯤 이런 개념이 등장했을까? 지금부터 6단계로 나누어 탐구해보자.

제1단계: 제한적 호스피스 완화의료

완화의료라는 개념은 1980년 소수 전문가에 의해 타이완에 들어왔다. 이후 1990년 단수이마셰淡水馬偕 병원에 타이완의 첫 번째 호스피스 병동을 개소했다. 1999년 설립된 타이완호스피스완화의학학회는 처음으로 말기 환자의 편안하고 존엄한 의료를 중시한 전문 기관이자, 타이완 의학계가 환자의 죽음의 질에 대해 관심을 가진 첫 번째 단계다. 호스피스 병동에서 말기 증세를 보이는 환자는 통증을 누그러트리고 삶의 질을 높이는 돌봄을 제공받는다. 사망 전 응급 처치와 무의미한 생명 연장 치료를 받지 않아도 된다. 하지만 대상은 말기 환자를 위주로 한다.

세계보건기구WHO는 다음과 같이 호스피스를 정의했다.

현대 기술로 완치 불가능한 말기 환자 및 그 가족에게 총체적인 돌봄을 제공하고, 통증과 다른 불편한 증상을 없애며, 심리적·사회적·영적 측면에서 돌봐줌으로써 환자와 가족의 삶의 질을 높이는 것이다.

호스피스는 생명의 의미를 긍정한다. 하지만 동시에 죽음도 자연스러운 과정으로 본다. 인간은 사망 속도를 높일 수 없으며 온갖 수단을 동원해 사망 과정을 연장할 필요도 없다.

의료진은 환자의 고통이 완화되도록 돕고 환자 및 가족을 심리적·영적으로 보살펴 환자가 최상의 삶의 질을 얻고 가족이 슬픔을 잘 극복할 수 있게 한다.

이 단계에서는 호스피스 완화의료팀이 질적인 임종 돌봄을 추진하고 실행했다. 그러나 모든 병원에서 이런 서비스가 제공되지는 못했다. 다른 과 의료인은 임종 과정에 있는 환자에게 어떻게 해야 삶의 질을 높여줄 수 있는지에 대한 충분한 지식이 없었다. 또한 여전히 의료인의 첫 번째 소임은 환자를 살리는 일이며 사망은 의료 실패라는 신화에 빠져 있었다. 의료 과학 기술의 발전에 따라 1994년 건강보험이 시행돼 더 많은 중병 환자가 목숨을 구했지만 일부는 생명유지장치에 의지한 채 침대에 누워 존엄하지 못한 상태로 애써 살아 있었다. 완화치료를 받은 환자는 사망자의 극히 낮은 비율을 차지했다.

제2단계: '안녕완화의료조례' 시행

안녕완화의료조례는 2000년 공포 및 시행됐다. 타이완에서 처음으로 '환자 자주권'을 보장한 법률이다. 대상 환자는 말기 환자에만 한하며 의사 두 명이 그 자격을 판단한다. 환자는 '안녕완화의료사전선택의원서 및 안녕완화의료선택의원서'에 서명해 항목별로 선택할 수 있다. ⑴완화의료 처치를 받는다. ⑵심폐소생술을 거부한다. ⑶연명의료를 거부한다. ⑷상술한 의향을 건강보험카드에 기재하는 데 동의한다.

가장 초기에 안녕완화의원서는 암 말기 환자에게만 적용됐다. 환자는 의원서에 서명함으로써 고통스럽지만 효과 없는 암 치료 포기를 표명하고 완화치료를 통해 고통을 경감시킨다. 임종 시 심폐소생술을 거부하며, 무의미한 연명치료도 거부한다. 만약 환자가 혼수상태라면 가족이 동의서에 대리 서명해 이상의 효과 없는 의료와 응급 처치를 포기한다.

2009년 완화의료와 건강보험은 대상자에 8대 비암성질환을 추가했다. ⑴노년기 및 초로기 기질성 정신장애(각종 치매) ⑵심한 뇌중풍, 뇌상, 대뇌퇴회성 질병과 같은 기타 대뇌변질증 ⑶심장 쇠약 ⑷만성 기도 폐쇄 ⑸기타 폐 질환 ⑹만성 간 질환 및 간 경화 ⑺급성 신부전 ⑻만성 신부전. 12장에서 언급한 천 선생은 ⑵에 해당됐다. 하지만 소뇌 퇴화, 운동신경계 질환, 주변 신경 및 근육 퇴화 등은 여기에 포함되지 않았다. 이미 '말기'인데 어느 질병에 부합하는지 제한할 필요가 있을까? 괜히 번거롭기만 할 뿐이다.

통계에 따르면 안녕완화의료조례가 시행된 지 20년이 되었을 때(2019) 안녕완화의원서에 서명한 사람은 성인 인구의 0.03퍼센트를 차지한다고 한다. 만약 의원서에 서명한 후 건강보

단식 존엄사

험카드에 기재되어 있으면 호스피스 병동에 입원하지 않았더라도 다른 과 의사가 환자의 의향을 존중해, 질병 말기에 환자에게 무의미한 심폐소생술과 연명치료를 하지 않을 수 있다. 아직 서명한 환자가 많지 않아 아쉽다. 가족 중 누구 한 명이라도 포기하지 않는다면 의사는 훗날 소송당할 가능성을 우려해 가능한 한 목숨을 살려낼 것이다.

앞서 말한 대로 말기 환자의 정의가 모호하기 때문에 의사의 주관에 온전히 좌우된다. 어떤 의사를 만나는지에 환자의 운이 달려 있다. 임종 과정에서 환자가 어떤 대우를 받을지는 주치의의 의술과 가치관에 달려 있는 것이다.

제3단계: '환자 자주 권리법' 시행

존엄사의 길은 까마득히 멀기만 하다. 안녕완화의료조례가 시행된 후 16년이나 지나 범위가 더 넓어진 환자 자주 권리법이 통과되고 3년 후인 2019년 1월에 공포·시행됐다. 그 적용 대상으로 '말기 환자' 외에 '비가역적 혼수상태' '지속 식물 상태' '중증 치매 환자'의 네 종류가 추가됐다. 사전의료결정서에 서명해 건강보험카드에 기재되면 위에서 언급한 각종 상황이 닥쳤을 때 (1) 생명 연장 의료나 (2)인공영양 및 수액 투여를 거절하거나 수용할 수 있다.

2020년 1월에는 척수소뇌성 운동실조증, 헌팅턴병, 척수성

근위축, 루게릭병, 듀시엔형 근이영양증, 지대근 디스트로피, 네 말린 근병증, 척수소뇌변성증, 낭포성섬유증, 원발성 폐고혈압증, 수포성 표피박리증 등 총 11개 희귀병을 추가하는 성과를 얻었다. 앞의 8개는 신경근육계 퇴행성 질환이다. 발병 후 환자는 점차 거동, 언어, 연하 능력을 잃을 뿐만 아니라 호흡까지 힘들어진다. 사망 전까지 삽관한 채로 몇 년을 투병해야 하므로 삶의 질이 극히 낮아진다. 질병이 수천 가지인데 어떤 질병 진단에 대해 제한하는 것은 관료주의적 간섭이다. 흔한 다발성 경화증과 천 선생의 피크병이 포함되지 않은 것처럼 말이다.

환자 자주 권리법과 안녕완화의료조례의 가장 큰 차이점은 적용 가능한 질병의 종류가 늘어난 것뿐만 아니라 시기가 수개월에서 수년까지 앞당겨졌다는 사실이다. 자주권은 환자가 가까운 시일 내에 사망하는 것이 불가피한 짧은 기간(일반적으로 반년이라고 해석한다)인 질병 말기에 국한되지 않고 시행된다.

환자 자주 권리법에 따라, 위에 열거한 각종 신경근육계 퇴화성 질환 환자는 연명치료를 위한 의료 기기 사용을 거부할 수 있다. 우리 어머니의 경우 소뇌위축으로 인해 식사할 때 자주 사레 들려서 경관영양으로 영양분을 섭취할 수 있었으나 이 병은 완치 가능성이 없었다. 몸이 날로 제 기능을 잃어갔기 때문에 어머니는 사전의료결정서에 서명해 비위관 삽입을 거부하고 음식을 섭취하지 않았다. 어머니가 비위관을 삽입했다면 5년 이상 병상

단식 존엄사

에 누워계셨을 것이다. 게다가 만약 그랬다면 나중에 발관 존엄사를 원하게 될 테고 안녕완화의료조례만 있던 시절이라 반드시 말기까지 질질 끌다가 위독해진 뒤에야(예를 들면 폐렴, 욕창 감염으로 인한 패혈증) 존엄사를 위해 심폐소생술과 연명치료만 거부할 수 있었을 것이다. 현재는 환자 자주 권리법이 생겼으니 언제든지 비위관을 제거할 수 있다. 의사 두 명의 진단과 윤리위원회의 심사를 통과해야 하지만 말이다.

류위슈劉育秀 선생은 스물일곱 살에 소뇌실조증을 진단받았다. 환자 자주 권리법이 통과된 후 친구들과 전력을 다해 앞에서 열거한 11종 희귀병을 대상 범위에 포함시키는 대단한 쾌거를 이루어냈다. 법안 통과 후, 그녀는 사전결정서로 질병 말기에 생명 연장 의료와 경관영양을 거부한다는 의사를 밝혔다. 하지만 말기에 접어들수록 연하곤란과 사레 때문에 폐렴에 쉽게 걸리는 문제로 류 선생은 의원서 내용을 수정하여 비위관을 통해 경관식을 했다. 안타깝게 병세가 악화되는 바람에 서른여섯의 나이로 호스피스 병동에서 눈을 감았다. 이처럼 의료결정서에 서명한 뒤에 계획이 바뀔 수 있기 때문에 수정을 요청할 수 있다.

그러나 환자 자주 권리법은 '20세 이상'의 '온전한 행위능력자'만을 대상으로 한다. 위급한 병에 걸리거나 중상으로 행위능력을 상실한 20세 미만의 환자는 가족이 대리 서명할 수 없기 때문에 말기까지 기다렸다가 예전의 안녕완화의료조례를 적용하는 수밖에 없다. 나는 환자 자주 권리법이 안녕완화의료조례의 '혼수상태인 자는 가족이 동의서에 대리 서명할 수 있다'는 조항에 준거하지 않는다는 사실이 몹시 의외였다. 이로써 두 가지 결점이 생겼는데 (1)현재 혼수상태인 수십만 명의 와상 환자는 굴레에서 벗어날 수 없다. (2)아직 의원서에 서명하지 않은 수많은 국민 중 누군가가 갑자기 중대한 병에 걸리거나 심하게 다쳤을 경우, 가족이 희망의 끈을 놓지 않고 포기하지 않을 수 있다. 상태가 안정적인 와상 환자가 되면 가까운 시일 내에 병증이 악화되어 사망을 피하기 힘든 말기 외에는 생명유지장치를 제거할 수 없다.

환자 자주 권리법은 국민의 존엄사를 보장하기 위해 시행되었지만 넘어야 할 큰 문턱 두 개가 있다. 먼저 20세 미만의 미성년자를 배제했다는 점이다. 둘째, 의식이 또렷할 때 반드시 먼저 사전의료결정서에 서명해야 한다는 점이다. 문제는 이런 법규를 아는 사람이 적기 때문에 증인 둘을 데리고 병원에 가서 의원서에 서명하는 사람은 더 적다(실제 시행된 지 3년 동안 서명한 이는 3000명밖에 안 된다). 이는 힘들게 쟁취해낸 존엄사법이 많은 사람을 행복하게 해주지 못하는 결과를 초래한다. 그러므로 어떻게 홍보할지가 급선무다. 앞으로 법률을 더 완벽하게 개정하는 것 역시 간절하다.

단식 존엄사

제4단계: 소극적 안락사

광의의 안락사*는 소극적 안락사Passive Euthanasia, 의사조력사망Physician Assisted Dying, 적극적 안락사Active Euthanasia의 세 종류를 포함한다. 일반적으로 안락사는 후자 둘을 가리킨다.

소극적 안락사는 효과 없는 의료를 포기하는 것이다. 생명유지장치를 하지 않거나 제거해 환자의 자연사를 가능하게 한다. 이는 미국이나 유럽 대부분 국가에서 합법이다. 미국을 예로 들면, 응급 처치를 받은 환자는 생명유지장치를 일정 시간 동안 유지해야 한다. 완치 가능성이 없다는 의사의 진단을 받고 나면 환자의 고통을 줄여주기 위해 대리인이 생명유지장치 제거를 결정할 수 있다. 일찍이 1990년 서른두 살이었던 식물인간 낸시 크루잔은 7년의 병상생활 후 가족이 경관영양 중단을 법원에 신청했고, 이해관계 없는 친구 세 명이 환자가 이 상태로 살고 싶어하지 않는다는 증언을 했다. 법원은 비위관 발관을 허가했고 낸시는 12일 후 사망했다.

타이완의 안녕완화조례와 환자 자주 권리법은 말기 환자나

---

* 안락사의 유래는 그리스어 'euthanatos'이다. 'eu'는 좋은, 'thanatos'는 사망이다. 의미인즉슨 an easy or happy death, or a good death, 안락사로 번역한 것이 그 글자 의미와 딱 맞는다. 그러나 가족과의 사별은 산 사람이나 죽은 사람에게 있어서 아주 쓸쓸하고 가슴이 미어지는 일이다. 안락사라는 용어는 이 때문에 논란을 야기해, 많은 국가에서 안락사의 법적 명칭은 인간의 존엄에 역점을 두었다. 타이완에서 관련 법안 명칭은 '존엄선종법尊嚴善終法'이다. 일반인이 기피하는 죽음이라는 말을 삼갔다.

중증 치매 환자가 생명유지장치를 포기하거나 제거해 무의미한 삶을 끝낼 수 있도록 보장해주는 권리다. 이것은 소극적 안락사다. 가령 환자 자주 권리법에 '혼수상태의 환자는 가족이 그 가치관에 의거해 동의서에 대리 서명할 수 있다' 및 '자율적 판단 능력이 있는 미성년자의 가족 또는 보호자는 환자의 의사에 따라 동의서에 서명한다'는 항목이 추가된다면 보장 범위가 더 완벽해질 것이다.

대부분의 선진국에서 소극적 안락사가 합법인 현재, 경관영양이나 산소호흡기에 의존하고 있는 와상 환자 수십만 명은 의식불명이 되기 전에 의원서에 서명을 안 했다는 이유로, 또 말기 환자로 인정받지 못해 소극적 안락사를 선택할 권리가 없다. 우리가 시급히 해결해야 할 가족, 사회, 경제, 의료적 문제다.

지금 타이완의 입법 상태로서는 앞에서 언급한 천 선생의 사례가 해결 방법 중 하나다. 먼저 점진적 단식으로 환자의 몸 상태가 쇠약해져 '말기'에 접어들면 호스피스 완화의료팀의 보살핌을 받는다. 말기이기 때문에 가족에게 동의서에 대리 서명할 권리가 있다. 그리고 그보다 먼저 가족 간의 합의가 있어야 한다. 그다음으로 이러한 생각에 동의하는 의사의 도움이 필요하다.

제5단계: 의사조력사망

의사조력사망은 의료진이 안락사에 적합한 대상자에게 사

망에 이르는 약물을 제공해 당사자 스스로 복용한 뒤 짧은 시간 내에 사망하게끔 하는 것이다. 현재 시행 국가는 스위스, 오스트리아, 핀란드, 뉴질랜드, 독일, 호주의 몇 개 주, 미국의 워싱턴 D.C., 오리건, 워싱턴, 몬태나, 버몬트, 캘리포니아, 콜로라도, 하와이, 뉴저지, 텍사스, 메인 등의 주가 있다.

다음의 조건을 충족해야 한다. (1)당사자가 참기 힘든 심신의 고통을 느낀다. (2)당사자가 불치병을 앓는다. (3)당사자 본인이 반복적으로 원한다. (4)의사 두 명 이상의 판단을 거친다. (5)윤리위원회의 심사를 통과해야 한다.

조력사망을 제창하는 일부 인사들은 '조력자살'이라는 용어 사용을 강력히 반대한다. 왜냐하면 '자살'이라는 단어는 부정적인 느낌이 강해 불치병 환자들이 평화롭게 사망하길 원하는 환경을 제대로 반영하지 못하기 때문이다. 캘리포니아에서 이 법안은 '의사조력사망법Physician Aid Dying Law'이라고 명명한다. 미국 최초의 의사조력사망 법안은 1994년 오리건주에서 시행한 국민투표에서 통과된 '존엄사망법Death with Dignity Act'이다. 캐나다에서는 '의료조력사망Medical Assistance In Dying(MAID)'이라고 한다.

스위스의 '의사조력사망'이 사람들에게 가장 잘 알려진 이유 중 하나는 시행 대상에 외국인이 포함되기 때문이다. 그러나 스위스는 아직 관련된 전속 법안을 제정하지 않았다. 1942년 스위스 형법 제115조에 따르면 '자신의 이익을 위해 자살을 사주하거나 방조하여 타인으로 하여금 자살 혹은 자살 미수에 그치게 한 자는 5년 이하의 징역 또는 벌금에 처한다'. 바꿔 말하면, 인도적 이념으로 환자를 병의 고통에서 벗어나게 돕는 자는 불법이 아닌 것으로 간주해야 한다는 의미다. 그러므로 스위스는 가장 일찍 의사조력사망을 '금지하지 않은' 나라인 셈이다. 하지만 안락사 법안은 없다. 근래에 스위스 정부는 특별법 제정을 여러 번 시도했으나 찬반 의견이 팽팽하게 맞서는 바람에 결국 모두 보류했다.

1982년 존엄사 지원 단체 '엑시트EXIT'가 스위스에서 설립됐다. 세계 최초의 조력사망 민간단체다. 이후 '존엄협회Dignity' '생의순환협회Life Circle' '정신영재재단External Spirit' '존엄사지원국제협회EXIT International' '자유생명협회Associazione Liberty Life' 등 관련 단체가 추가로 설립됐다. 일부 협회는 외국인 가입을 받아 조력사망 서비스를 제공한다.

푸다런 선생은 존엄협회 회원으로 가입한 후, 2018년 6월 의료인이 제공한 강력한 수면제를 복용하고 3분 뒤 영면했다.

존엄협회는 1998년에 설립되어 2017년까지 10년 동안 2403건의 조력사망을 집행했다. 스위스 국적자는 173명에 그쳤고 외국 국적의 회원이 2230명에 달했는데, 이 중 독일인이 1150명으로 가장 많았고 그다음은 영국인과 프랑스인이었다.

독일은 2020년 형법에서 조력사망 금지령을 해제했다. 처벌

하지 않을 뿐이지 완전한 안락사법이 있는 것은 아니다. 스위스처럼 말이다. 독일의 일반 대중은 도움받을 의사를 근처에서 찾기 어려워 대부분 스위스 조력사망 단체에 신청한다. 스위스에서 조력사망 단체를 설립한 독일 의사도 있다. 환자가 독일에 있는 집에서 안락사를 시행할 수 있도록 말이다.

타이완에서 안락사에 가장 극명하게 반대하는 단체는 호스피스완화의학학회다. 이 학회는 2017년 '안락사 및 의사조력자살' 입장 성명문을 발표했다.*

그 성명문에는 '본 학회는 안락사와 의사조력자살을 지지하지 않는다. 애써 환자의 생명을 끝내는 것은 환자의 고통을 해결하는 좋은 방법이 아니며 오히려 고통을 적절히 완화할 수 있는 기회를 상실하게 한다'라는 내용이 있다. 그 의도를 추측해보건대 완화의료 혹은 다른 의료로 환자의 고통을 적절히 완화할 수 있는데 안락사는 환자가 죽음을 쉽게 결정하므로 그런 시도 기회 자체를 잃는다는 말이다.

호스피스 완화의료가 타이완에서 발전한 뒤로 많은 환자가 호스피스에서 심신의 안정을 찾으며 영면했다는 공헌은 명백하다. 그렇지만 의사는 신이 아니며 의료에는 한계가 있다. 푸다런 선생 역시 안녕완화의료의 도움을 오랫동안 받았지만 고통은 여

---

* 松田純, 『生死自決: 安樂死的全球現況』, 行人, 2019.

전히 참기 힘들었다. 심지어 모르핀 알레르기 때문에 심각한 부작용을 겪었다.

호주의 식물학자 구달 박사는 104세의 고령에 스위스로 건너가 조력사망의 도움을 받았다. 신체가 노쇠하고 시력이 퇴화되어 연구를 지속하기 힘들고, 좋아하는 일(식물표본 보기, 독서, 드라마 보기)을 할 수 없게 됐으며, 운전도 못 하고 여행도 갈 수 없으니 삶의 질이 떨어져 살아가는 게 의미가 없어졌다는 이유였다. 이런 것들은 호스피스 완화의료가 도와줄 수 있는 영역이 아니다. 대부분의 사람에게 '자유' '의미' '존엄'은 삶에서 믿는 기본 가치다.

성명서에서 언급한 또 다른 반대 이유는 '안락사와 의사조력자살'은 의학 전문성 및 의학 윤리와 맞지 않는다는 것이다. 미래에 법안이 통과될지언정 의사는 '안락사와 의사조력자살'에 동참 혹은 수행하지 않을 권리가 있다. 호스피스 완화의료팀도 이러한 처치를 모니터링하거나 시행할 책임을 지지 말아야 한다.

이에 대한 나의 생각은 이렇다. 의사는 각자 다른 신념과 가치관이 있기 때문에 안락사가 합법화되어도 의사에게 동참하지 않거나 수행하지 않을 자유 선택권이 절대적으로 있다는 데 동의한다. 그러나 의학회가 모든 회원에게 동참이나 수행하지 말 것을 요구할 권리가 있다고는 생각하지 않는다. 의료적 시각에서 본다면 안락사 수행은 호스피스 완화의료의 전문 돌봄이 필요하

단식 존엄사

지 않다. 전문 수행팀이 온 과정을 맡아 처리할 줄 알아야 한다.

의학 윤리에 위배된다는 점에 대해서는, 윤리의 기준은 시대의 변화에 따라 바뀐다고 생각한다. 서양에서는 국민들의 안락사 법안 통과를 원하는 목소리가 날로 커지고 있다. 입법안이 통과된 국가 역시 21세기에 빠르게 늘어나고 있다. 일부 의사단체가 여전히 반대 의견을 내는 점을 감안해, 세계의사회World Medical Association는 2017년 제네바 선언을 다음과 같이 수정했다. (1)나는 환자의 건강과 '행복'을 최우선적으로 고려하겠다. '행복' 두 글자를 추가했다. 환자의 생명을 구하는 일은 의사의 유일한 임무이며 평온한 죽음을 돕는 것 역시 의료의 일부다. (2)'나는 환자의 자주권과 존엄성을 존중하겠다'라는 항목을 추가하며 환자 자주권의 중요성을 강조했다. 과거에 '생명권'은 신성불가침 영역이었다. 시대의 변화에 따라 생존을 넘어선 삶의 질과 존엄이 더욱 중요해졌다. 미래에는 환자의 '사망 자결권'을 존중하여 의학 윤리의 중요한 부분이 될 것으로 예견할 수 있다.

어빈 얄롬과 매릴린 얄롬은 『죽음과 삶: 얄롬 박사 부부의 마지막 일상』*을 함께 집필했는데 매릴린이 암 투병을 하며 세상을 떠날 때까지 두 사람의 이야기와 마음의 여정을 기록했다. 매릴린의 암세포는 뼈에 자라나 그 고통을 말로 다 하기 힘들었다.

---

* 어빈 D. 얄롬·매릴린 얄롬, 『죽음과 삶: 얄롬 박사 부부의 마지막 일상』, 이혜성 옮김, 시그마프레스, 2021.

13장 존엄사 권리에 대한 입법 역사

부부는 금슬이 좋았다. 평생 죽음의 공포를 연구해온 어빈은 막상 그것이 눈앞에 닥치자 덤덤히 부인의 죽음을 마주할 수 없어 매릴린이 하루라도 더 버텨주길 바랐다. 매릴린은 병세 말기에 강력한 진통제와 모르핀을 사용한 탓에 하루 종일 몽롱한 상태였다. 아들이 중요한 일을 물어봐도 도와주지 못했다. 그나마 정신이 들었을 때는 고통을 참기 힘들었다. 결국 괴로움을 이기지 못한 매릴린은 '조력사망'을 원했다. 캘리포니아에 있는 그들 집으로 의사가 방문해 약물 한 컵을 건넸고 허약했던 매릴린은 빨대로 약을 마셨다. 어빈과 가족들은 곁에서 함께해주며 매릴린의 숨결이 점점 미약해지는 모습을 지켜봤다. 열네 시간쯤 지나자 호흡이 멈췄다.

어빈이 이성적으로 돌아보면 매릴린이 힘겹게 버티던 나날이 생고생이었다는 것이 티가 났을 것이다. 이 일은 정신건강의학과 의사 곁에서 일어난 실제 이야기로 호스피스 완화의료가 모든 고통을 해결해주지 못한다는 방증이다. 모르핀은 부작용을 낳는다(몽롱함과 고통이 뒤엉키는 생활은 환자와 가족에게 고통을 초래한다). 미국 캘리포니아의 고급 호스피스 완화의료의 도움 아래서도 이따금 '조력사망'은 여전히 그 필요가 있다.

타이완 호스피스의 대모 자오커스趙可式 교수는 과거 두 번에 걸쳐 강력하게 '존엄사법' 통과를 막았다.* 하지만 최근 여러 미디어에서 자오 교수가 앞으로는 반대하지 않을 것이라고 표명했

단식 존엄사

음을 밝혔다. 자오 교수 본인 역시 암 환자다. 그녀는 충분히 쾌적한 호스피스 병동을 찾아 눈을 감을 수 있는 역량이 되지만, 현재 호스피스 완화의료의 질이 일정하지 않고, 양적인 면에서도 턱없이 부족하다는 점을 똑똑히 알고 있다. 자오 교수는 그러한 자원을 활용할 여건이 안 되는 일반 대중이 존엄하게 눈감지 못하는 현실에 개탄하며 국민에게 안락사라는 선택지가 생기기를 바랐다.

가족은 갖가지 이유로 아픈 이를 차마 놓지 못하며, 의학계는 사람을 구하는 일이야말로 자신들의 소임이라고 생각한다. 만약 안락사 국민투표의 주체가 자신이 사랑하는 가족이나 의사의 돌봄을 받는 환자가 아니라 자기 자신이라면 어떨까. '몸에 여러 튜브를 꽂은 채 침대에 누워 대소변을 보고, 조금도 움직이지 못하고, 사지가 뻣뻣해진 상태로 매일 자그마한 침대에서만 생활해야 한다면 당신은 안락사를 택하겠습니까?' 나는 이렇게 주어가 당사자로 바뀐다면 절대적으로 긍정적인 답변이 나올 것이라 장담한다.

제6단계: 적극적 안락사

적극적 안락사는 당사자가 분명히 의사를 표명했고 관련 조

---

* 趙可式, 『安寧伴行』, 天下文化, 2018.

건에 부합한다는 전제하에, 의사가 직접 약물을 주입해 사망에 이르게 하는 것이다. 현재 입법해 시행하고 있는 곳은 네덜란드, 벨기에, 콜롬비아, 룩셈부르크, 캐나다, 스페인 등 6개 국가가 있다. 이 국가에서 의사조력사망은 당연히 합법이다.

네덜란드는 2001년 안락사를 합법화하고 2002년부터 시행해 세계 최초로 적극적 안락사를 시행하는 국가가 됐다. 이 법안은 '생명종결 및 조력자살법'이다. 대상은 기본적으로 18세 이상의 성인이며, 12세에서 18세 미만의 미성년자 환자는 부모 중 한 명 혹은 보호자의 토론 참여나 동의가 필요하다. 현재 병에 걸리지 않은 노인도 안락사 조건에 포함될 수 있도록 논의 중이다.

2017년 네덜란드에서 안락사로 생을 마감한 사람은 6585명으로 그해 사망인구의 4.4퍼센트를 차지한다. 이 중 250명(0.38퍼센트)은 스스로 약물을 복용했고 나머지는 의사가 직접 주입해줬다. 80퍼센트는 환자의 집에서 시행됐다. 각 분야 연구에 의하면 안락사가 남용되는 현상은 없었다.

네덜란드가 아무리 개방적일지라도 안락사를 신청한 사람 중 절반 정도만이 심사를 통과한다. 2015년 네덜란드 안락사 인구는 5515명으로 사망인구의 3.75퍼센트를 차지한다. 2680명은 스스로 안락사했는데 사망인구의 1.82퍼센트이다. 스스로 안락사했다는 말에는 절식, 약물 과다 복용 등의 자살 방식이 포함된다. 법규는 지금도 여전히 엄격해 많은 수요자의 '사망 자결권'을 만족시킬 수 없는 실정이다.

벨기에에서는 2002년 안락사 법안이 통과되었는데 허가 조건은 네덜란드와 같다. '판단 능력이 있는 미성년자'가 조건에만 부합하면 안락사가 가능하다는 점에서 더 관대하다.

벨기에에서 안락사 법안이 통과되기 1년 전 실시한 여론조사에서는 국민의 75퍼센트가 안락사를 찬성했다. 타이완 성소수자 핫라인협회는 2017년 '안락사 합법화 관련 의제에 대한 견해 조사' 설문지를 발행했는데 그 결과 국민의 90퍼센트 이상(92퍼센트)이 타이완 안락사 합법화 지지를 표명했다.

타이완 존엄사법 초안은 2019년 12월 입법원 상임위를 통과했다. 그 회기에 본회의를 통과하지 못했기 때문에 다시 초안을 제출한 뒤 새로이 본회의를 통과해야 시행될 수 있다. 존엄사법에는 조력사망과 적극적 안락사 두 가지를 담고 있다.

세계 각국에서 안락사 법안이 통과됐을지라도 안락사 반대 목소리는 계속 나오고 있다. 주로 종교계와 의사단체에서 목소리를 낸다. 하지만 안락사를 지지하는 의사가 점점 많아지는 추세다. 이에 대한 나의 생각은 다음과 같다. 종교계는 안락사를 반대할 권리가 있으며 신자는 교리에 따를 권리가 있다. 그렇지만 특정 종교계가 다른 종교의 신자에게 안락사할 권리가 없다고 주장할 자격은 없다. 마찬가지로, 나는 의사에게 안락사 수행을 거절할 권리가 있다는 데 동의하지만 국민이 안락사를 선택할 권리를 반대하는 것은 옳지 않다고 본다. 의사는 국민의 생명 자주권을 존중해야 하며 의사에게 권리를 박탈할 권리는 없다.

또 다른 안락사 반대 이론은 '산사태 효과slippery slope'에 대한 염려 때문이다. 안락사법이 통과되면 사회적 약자는 가족과 사회에 끼칠 부담 때문에 죽는 게 의무라는 느낌을 받을 수 있다. 아니면 가족 및 사회가 약자에게 안락사 선택을 강제할 수 있다. 네덜란드와 미국 통계에 의하면 안락사를 원하는 사람은 고학력자가 대부분을 차지했으며 빈부 차이에 따라, 소수민족, 심신장애인, 정신질환자가 강요에 의해 안락사를 받은 산사태 효과는 발생하지 않았다고 한다.

현재 타이완에서 장기 와상 환자가 있는 가정에서 쉽게 손을 놓지 못하는 모습을 보아도 그럴 가능성은 몹시 낮다. 더군다나 존엄사법 규정이 상당히 엄격해 좁은 관문을 통과해야 한다. 안락사 시행에 반대하는 사람들의 염려는 알겠지만 그에 상응하는 예방책만 있으면 된다. 지레 겁먹고 안락사를 필요로 하는 이들의 생명 자결권을 빼앗을 필요는 없다.

환자 자주 권리법이 시행된 지 3년이 넘었다. 환자를 위해 튜브를 제거하여 연명의료를 거부하는 소극적 안락사도 받아들였는데, 이러한 환자가 임종을 앞두고도 여전히 고통스러워할 때 수면제나 진정제를 주사해 몇 분 내로 평안하게 사망하도록 하는 일은 왜 받아들이지 못하는 것일까? 기어코 환자가 생명유지장치를 제거한 후 며칠 혹은 몇 주나 견디게 한 뒤에야 떠나게 해야 하는 걸까. 환자가 임종하는 마지막 길에 의사가 모르핀 같은 진정제를 투여해 환자를 며칠 동안 잠들게 하면서 치사량까지 높이지 않는 것을 고집하는 이유는 무엇인가. 어떤 의사는 이렇게 말한다. "나는 의사는 사람을 죽일 수 없다는 신념을 고수한다"라고. 하지만 나는 환자는 질병으로 사망하는 것이지 의사가 죽이는 게 아니라고 생각한다. 환자의 숨이 끊어지기 전까지의 임종 과정도 의료인의 직업적 소명이다. 의사가 그 과정을 줄여주는 것은 타인을 돕는 자비로운 일이다. 의사의 직업적 소명의식인 '선행'이라는 의사 선서에 위배되는 일이 결코 아니다.

흔한 반대 이유 중 또 하나는 돈 때문에 생명을 앗아가거나 남용되는 상황이 야기될 우려 때문이다. 이런 예시는 모두 극단적인 특별한 케이스다. 법률이 제정되면 이런 문제를 방지하기 위한 조치가 완비될 것이다. 가능성이 아주 낮은 폐해로 인해 다수의 존엄사 권리를 희생해서는 안 된다. 세계 선진국에서 안락사가 시행된 지 이미 반세기가 지났으니 거울삼기 충분할 것이다.

만일 타이완에서 여론에 의해 안락사법이 통과되더라도 의사 대부분이 여전히 반대한다면 스위스처럼 안락사 집행 특수 단체를 설립하는 것도 갈등을 해결할 수 있는 대안 중 하나일 것이다.

13장 존엄사 권리에 대한 입법 역사

14장

안락사가 허용되지 않는 자력 구제

안락사 제도가 없는 국가에서 고통이 인내의 한계에 도달하면 자력 구제 방법을 찾는 수밖에 없다.

일반적으로 가장 흔한 방법은 '자살'이다. 자살은 다음과 같은 부정적인 효과를 낳는다. (1)예고 없이 일어났을 때 가족과 지인은 매우 큰 충격을 받는다. 화해, 사과, 감사, 사랑의 말을 미처 전하지 못해 아쉬움과 풀지 못한 마음속 응어리가 남기 때문이다. (2)작별 인사를 제대로 할 수 없다. 인생에는 늘 헤어짐이 있기 마련이지만 이별 전에 제대로 작별 인사를 하고 함께 시간을 보내야 떠난 사람과 남은 사람 모두 잘 지낼 수 있다. 그것이 망자와 남은 사람 모두 얽매이지 않고 마음 편히 앞으로 나아갈 수 있는 길이다. (3)자살 방식은 대부분 잔혹해서 당사자가 아주 고통스럽다. 가족 역시 미련이 남을 뿐만 아니라 마음에 큰 상처를 입는다. 미국 배우 로빈 윌리엄스는 뇌 질환으로 목을 맸다. 친척도 친구도 아닌 우리 같은 팬들도 마음이 아팠는데 그의 가족들

단식 존엄사

은 오죽했을까. (4)어떤 이들은 일시적인 오해나 곤경에 빠져 극단적인 선택을 한다. 문제가 해결되어도 생명은 이미 되돌릴 수 없다. 이런 상황이 가장 안타깝다! 암 진단을 받자마자 놀라서 자살한 사례가 있다. 만약 안락사 제도가 있어서 나중에 벌어질 일에 대해 마음을 놓을 수 있다면 가슴을 졸이다가 성급하게 자살할 가능성을 낮출 수 있다.

안락사 입법에 반대하는 이유 중 하나는 생명 보호다. 하지만 이로 인해 오히려 어떤 이들을 자살로 내몰 수 있다. 소뇌실조증은 유전병 가운데 하나로 가족 대부분이 병에 걸려 대개 모든 가정에서 자살로 생을 마무리하는 일이 발생한다. 우리 외삼촌 집으로 말하자면, 그와 사촌 형 부자 둘은 잇따라 자살해 가족에게 극도의 충격과 슬픔을 남겼다.

불치병에 걸리면 환자의 병세는 날로 악화되기만 한다. 안락사가 합법인 국가에 살고 있다면 생애 말기에 고통을 완화하는 의료를 받을 것이라 기대하고, 고통이 극심해져 참을 수 없을 때 빠르고 고통 없는 안락사를 신청할 수 있다. 이렇게 되면 사람들은 안정감을 느껴 사망에 대한 우려가 줄어들고 살고자 하는 의지가 더 강해진다. 심지어 안락사 심사에 통과한 후, 바로 시행하지 않고 어떤 의미를 찾아 더 열심히 사는 사람도 있다.

가장 비참하고 안타까운 자력 구제 방법은 수년간 돌봐온 가족을 제 손으로 살해하는 것이다. 이로 인한 마음의 상처와 법적

처벌은 남들이 감히 상상하기 힘들다.

잊을 만하면 장기 간병을 하던 가족이 격양된 방식으로 오랫동안 앓던 환자를 떠나도록 도와줬다는 뉴스가 들린다. 이미 오랫동안 신체 기능을 상실한 가족을 위해 심혈을 기울였지만 환자가 계속 고생하는 모습에 그런 일을 저지르고 마는 것이다. 그들은 결국 마음의 평화를 얻지 못하며 옥살이를 할 수도 있다. 참 안됐다. 이런 사건이 있을 때마다 안락사 입법에 대한 논의가 화두로 떠오른다. 그렇지만 입법까지 단번에 도달하지 못한다. 다른 자력 구제 방법이 있을까? 사실 점진적으로 영양 공급을 중단한다면 환자는 세상을 떠날 수 있다. 사람들은 과도한 스트레스를 이기지 못하고 잠시 판단력을 잃어 안타까운 선택을 하는 게 틀림없다.

친구 한 명이 내가 어머니의 이야기를 공유해준 것에 감사를 표했다. 수년 동안 마음속에 묻어두었던 응어리가 풀렸다고 했다. 친구에게는 중증 뇌성마비를 앓는 남동생이 있었는데 동생은 태어났을 때부터 사지가 마비된 상태였기 때문에 온종일 침대에 누운 채 어머니가 먹여주는 음식을 받아먹으며 24시간 돌봄을 받아야 했다. 친구는 크면서 어머니와 함께 동생을 돌보며 동생에 대해 아주 애틋했다. 그런데 그녀가 외지에서 대학생활을 하던 중 갑작스레 동생의 사망 소식을 들었다. 아버지는 어머니가 점진적으로 먹는 양을 줄여 동생이 이곳에서 벗어나도록 해줬다

단식 존엄사

는 이야기를 전했다. 그녀는 동생이 고통스럽게 굶어 죽었다고 생각해 줄곧 어머니를 원망해왔다. 자책도 많이 했다. 하지만 단식 존엄사에 대해 새롭게 이해한 뒤로 무거운 마음을 내려놓을 수 있게 됐다고 했다.

현재 그녀는 어머니가 되어, 그녀의 어머니가 10년 넘게 남동생을 돌봐온 고생과 희생을 더 잘 이해하게 됐다. 또한 어머니의 지혜로운 선택에 공감할 수 있었다. 칼로 찌르거나, 베개로 질식시키거나, 못을 박거나, 강으로 떠미는 것에 비하면 점진적으로 음식 양을 줄이는 일은 따스하고 자애로운 방식이다.

푸다런 선생과 호주의 구달 박사는 자력 구제를 위해 머나먼 스위스로 가 안락사를 택했다. 그들은 모국에서의 안락사 허용을 제창하기 위해 용감히 앞서 나아간 보살이나 다름없다. 그랬다면 거액을 소비하면서 지친 몸을 이끌고 타향에서 객사하지 않아도 됐을 것이다. 고국을 사랑하는 그들이 얼마나 고향에서 눈감고 싶었을까! 게다가 그 절차가 어찌나 복잡한지 언어, 거리, 이동, 비용과 같은 장애를 극복하는 일은 일반인이 당최 하기 힘들다.

스위스 라이프서클에서 일하는 의사 에리카 프라이지히는 이렇게 외국에서 안락사 도움을 청하는 경우 거동 능력을 잃기 전에 의사조력사망이 이루어져야 하기 때문에, 오히려 앞당겨서 신청 및 시행해야 한다고 밝혔다. 본인 나라에 안락사 제도가 있다면 안락사 시기를 충분히 뒤로 미룰 수도 있을 것이다.

우리 어머니는 자력 구제 방식으로 집에서 하는 '단식 존엄사'를 택했다. 점진적으로 단식을 하면 평균 2주에서 한 달 정도 걸리는 완행열차를 타는 셈이다. 안락사가 2, 3분 만에 천국에 도달할 수 있는 것과 다르게 말이다. 집에서 가족들이 곁에 있을 때 눈을 감으셨기에 큰 아쉬움은 남지 않지만, 어머니가 배고픔을 이겨내며 허약해지는 모습은 물론 지켜보기 힘들었다.

어머니는 이미 연하 기능이 크게 떨어져 자칫하다가는 흡인성 폐렴에 걸릴 수 있었다. 열이 나고, 호흡 곤란이 오고, 자주 가래를 석션해야 하며 산소호흡기를 착용한 채로 중환자실에 입원하는 고통은 더 감당하기 힘들었을 것이다. 의사로서 우리 어머니가 그런 고통을 감내하도록 차마 둘 수 없었다.

미국 완화의료학회 전 이사장이자 국가존엄사센터Death with Dignity National Center의 이사를 맡고 있는 티머시 퀼은『자발적 식음 중단: 죽음을 앞당기기 위한 자비롭고 광범위한 선택』*을 출간했다. 이 책에서 그는 단식을 통한 존엄사는 일반 국민에게 널리 적용 가능하지만 좀처럼 공론화되지 않은 존엄사 방식이라고

---

* *Voluntarily Stopping Eating and Drinking: A Compassionate, Widely Available Option for Hastening Death.* Edited by Timothy E. Quill, Paul T. Menzel, Thaddeus Pope, and Judith K. Schwarz, Oxford University Press, 2021.

언급했다.*

완화의학과 및 정신건강의학과 의사, 윤리학자, 변호사, 간호사가 함께 모여 이 책을 편집했다. 이들은 운동신경계 질환이나 암 혹은 치매로 식음을 중단해 사망한 환자를 예로 들며, 각각 사전 평가, 임상 간호, 윤리, 법률 등의 분야에서 그것이 직면하는 문제와 해결 방안에 대해 토론했다. 또한 죽음에 이르는 시간을 줄이는 세 가지 방법인 '자발적 식음 중단' '무의미한 연명의료 거부' '의사조력사망'에 대해 상세히 연구하고 비교했다. 미국에서 '자발적 식음 중단'과 '무의미한 연명의료 거부'는 합법이기 때문에 의료보험금을 받을 수 있고 생명보험도 사망 배상금을 준다.

책에서 밝힌 자발적 식음 중단의 장점은 다음과 같다.

(1) 음식을 전혀 섭취하지 않고 물도 최대한 마시지 않으면 식음 중단 후 약 10일에서 14일 후에 사망한다. 질병으로 인해 자연사하는 것보다 비교적 빠르다.

(2) 약 2주 동안 가족은 시간을 잘 안배해 함께 시간을 보내고 작별 인사를 할 수 있다.

(3) 돌보는 의사는 의사조력사망에 비해 심리적 압박을 덜 느낀다.

---

* 중국어로 '단식 존엄사' 혹은 '자발적 식음 중단'을 인터넷으로 검색했을 때 찾을 수 있는 정보는 몹시 적다. 영어로 'Voluntarily Stopping Eating and Drinking, VSED'를 검색하면 관련 자료가 더욱 많이 나온다.

(4) 대부분의 호스피스 병동에서 식음을 중단한 환자를 흔쾌히 돌봐주며 불편함을 덜어준다. 그 과정은 다른 생애 말기 돌봄과 매우 흡사하다(소수의 교회 부속 호스피스 병동에서는 이런 유의 환자를 안 받아준다).

(5) 통계에 의하면, 식음 중단을 선택하는 가장 흔한 사례는 80세 이상, 중증 환자, 일상생활을 타인에게 의지해야 하고, 생활의 질이 몹시 낮으며, 집에서 사망하길 희망하고, 임종 과정을 자신이 컨트롤하기를 원하는 사람들이었다.

식음 중단 방법도 부족한 부분과 한계가 있다.*

(1) 극심한 고통을 겪는 환자로서는 10일에서 14일이 아주 지

---

* Lowers, J., Hughes, S., Preston, N. J., "Overview of voluntarily stopping eating and drinking to hasten death", *Annals of Palliative Medicine*, 2021, 10(3):3611~3616.
이 회고성 논문에서는 유라메리카와 일본의 다국적 만성질환 혹은 중증 노인의 '자발적 식음 중단' 유병률을 정리하고 음식 섭취를 중단하는 과정에서 나타나는 환자 몸의 변화를 묘사했다. 어떤 의료 서비스가 개입되어야 하는지와 법률적·윤리적 방면에 대해 논했다. 선진 국가에서는 모두 합법이지만 60세 이하의 건강한 사람이 하는 것은 권하지 않는다. 왜냐하면 더 힘들고 과정도 길기 때문이다. 조사 대상은 완화의료와 요양기관의 의료인이다. 일본을 예로 들면, 인터뷰에 응한 의사 571명 가운데 32퍼센트가 이런 요구를 하는 환자를 돌본 적이 있다. 안락사가 합법인 네덜란드의 사망인구 중 0.4~2.1퍼센트가 식음을 중단해 사망에 이르는 기간을 줄였다. 미국 오리건주에서는 안락사가 이미 합법화된 때였던 2001년 호스피스 병동 간호사 41퍼센트가 식음 중단으로 사망한 환자를 돌봤다. 그해 식음 중단으로 사망한 102명의 평균 연령은 74세였고 60퍼센트가 암 환자였으며 여성이 54퍼센트, 기혼자가 48퍼센트를 차지했다.

단식 존엄사

난한 시간이다. 보통 진정 치료의 보조가 함께 이루어져야 한다.

⑵ 환자는 강한 동기와 충분한 의지력이 있어야 한다. 치매 환자의 경우 상대적으로 어려움이 있을 수 있기 때문에 치매 말기로 갈수록 버티기 어렵다.

⑶ 돌봄인은 인내심, 의지, 융통성이 필요하다. 극도의 갈증과 말기의 섬망 증상이 가장 감당하기 힘들다.

극도의 갈증을 호소할 때는 규칙적으로 립밤을 발라주거나 양치, 가글을 해준다. 물에 적신 면봉으로 구강과 입술을 축축하게 한다. 구강 스프레이도 갈증을 완화해줄 수 있다. 소량의 물은 임종 과정을 연장하지 않는다.

섬망의 경우 의식이 혼미한 환자는 식음 중단의 목적을 잊어버릴 수 있다. 초조하고 불안해하며 극도로 물이나 음식을 먹고 싶어할 수 있다. 불안 완화제, 진통제, 진정제 약물을 사용해볼 만하다. 환자가 다시 먹기 시작했다면 식음 중단을 계속 진행할지 말지 다시 판단해야 한다.

미국에서도 의료인이 못 하게 막을까봐 몰래 자발적 식음 중단을 하는 사람이 많다. 이는 완화의료의 도움을 받을 기회를 놓치는 것이기에 매우 유감스럽다. 퀼 선생님 같은 분이 지하에 있던 '자발적 식음 중단'을 양지로 끌어낸 데에는 아주 큰 의미가 있다. 타이완의 완화의료팀과 의료 단체도 새로운 사고를 했으면 좋겠다.

현재 위생복리부와 완화의료기관은 '사전의료결정서'를 열심히 홍보하고 있다. 운동신경계 질환인 루게릭병에 걸린 사람이 의원서에 서명하면 입으로 음식을 섭취하지 못할 때 '인공영양 및 수액 투여'를 거절할 수 있다. 그러면 우리 어머니가 본보기를 보여준 '식음 중단'이 그가 음식을 섭취하지 못하게 된 뒤의 임종 과정이 되는 것이다. 우리 어머니는 강경했으며 의지력이 대단했다. 하지만 결국 어머니는 괴로움을 호소했고 가족들은 더없이 비통했다.

　　만약 다른 루게릭병 환자가 호흡 능력이 떨어졌을 때 기관삽관과 인공호흡기를 거부한다면 산소 결핍으로 천천히 사망에 이를 것이다. 굶어서 사망하는 것보다 훨씬 견디기 어렵고 시간도 오래 걸릴 게 틀림없다. 앞서 말한 두 가지 상황에서 완화의학과 의사는 모르핀이나 다른 진정제를 주사해 환자가 깊은 잠에 빠지게 한 다음 일정 시간이 지난 후 자연스레 사망하도록 도와줄 수 있다. 안락사 합법 국가에서는 의사가 직접 고용량을 투여해 환자가 빠르고 평온하게 사망할 수 있다. 인위적인 죽음을 막기 위해 환자의 고통을 몇 주 혹은 몇 달까지 연장하는 일이 환자의 이익을 우선적으로 고려한다는 윤리에 부합하는가? 입법자, 의료 간병인, 가족의 관점이 과거에 얽매여 있어 환자의 자주권은 찾아보기 힘들다. 임종을 앞두고 타인에 의해 좌지우지될 수밖에 없다니 얼마나 슬픈 일인가.

단식 존엄사

누구나 측은지심을 가지고 있다. 환자 자주 권리법이 알려지면서 의사들은 무의미한 연명의료와 인공영양을 거부하는 환자를 상대할 일이 점점 늘고 있다. 그 임종 과정은 느리고 고통스러워 모든 이들의 의지와 지혜를 시험한다.

이 책을 쓰는 목적은 어머니가 병환에 적극적으로 맞서며 보여준 낙관적인 의지, 죽음을 흔쾌히 마주한 용기와 지혜, 단식 존엄사의 과정과 가족의 응원이 얼마나 중요한지를 공유하기 위해서다. 단식 존엄사는 어찌하지 못하던 와중에 찾아낸 방법으로, 존엄사 입법이 시급한 현실을 여실히 드러낸다.

아득하지만 어머니가 나에게 주신 사명으로 나는 미약한 힘을 발휘해 더 많은 국민의 관심을 불러일으키기를 바랐다. 평소에 죽음을 이야기하며 존엄사 준비를 해야 한다. 그리고 정부 및 의학계를 독촉해 민심과 세계 추세에 맞춰 존엄사법을 통과시킴으로써 타이완이 더욱 자유롭고 인도적인 국가로 거듭나도록 해야 한다.

어머니의 명예로운 죽음, 아버지와의 화해

어머니가 돌아가신 후, 혼란스러우면서 무감각한 평온이 찾아왔다. 슬프지도 기쁘지도 않고 그저 실감이 안 났다. 사흘 연속 어머니 꿈을 꿨는데 어머니는 아무 구속 없이 자유로운 모습이었다. 나는 그제야 마음이 놓이며 어머니가 더 좋은 곳으로 가셨다고 확신했다. 그 후로 '아! 어머니가 이제 세상에 안 계시지. 같이 수다 못 떨겠구나!'라는 생각이 들다가도 어머니가 살아 계셨다면 생활이 갈수록 고단해지기만 했을 거라는 생각에 마음이 편안해졌다.

어머니의 이야기가 인터넷과 미디어를 통해 세간의 관심을 받아 화제가 되고 글 조회수는 100만을 넘어섰다. 나는 명예롭게 돌아가신 어머니가 마음속에 살아계신 듯한 느낌이다. 집에서만 지내던 평범한 노인이 이렇게 유명해지고 사람들에게 귀감이 되다니. 어머니 덕분에 나는 미디어에 소개되어 인터뷰에 응하기도 했다. 마이톈麥田 출판사에서 적극적으로 책 출간을 제안

했고 나는 어머니의 사명이라 생각하며 힘을 보탰다.

어머니가 아직 살아 계셔 내가 이 책을 순조롭게 끝낼 수 있도록 여러 기묘한 인연을 마련해주신 느낌이 든다. 서점에 가면 내가 집필 자료로 쓰기에 알맞은 작가들의 작품을 만나곤 했다. 일면식도 없던 환자 가족이 나에게 존엄사에 대한 도움을 요청했고, 그 가족과 함께하며 타이완에서 존엄사를 행하는 것이 얼마나 어려운 일인지 알게 됐다. 선진국의 존엄사 관련 법안과 비교해봤으니 향후 정부에 입법을 촉구하는 근거로 삼을 수 있겠다.

나는 40년 전부터 안락사 입법을 지지하면서도 줄곧 방관자적 태도를 보였다. 뉴스 인터뷰 때문에 「안락사의 옳고 그름」이라는 프로그램에서 안락사 입법을 밀고 있는 의사 장성江盛을 알게 됐는데 그가 많은 의견과 자료를 아낌없이 제공해주고 이 책의 추천사를 써주었다. 앞으로 조그마한 힘이라도 보탤 곳이 있다면 나도 최선을 다해 존엄사 입법 추진 행렬에 참가할 것이다. 더 많은 사회 인사들의 참여도 기대된다.

장성의 소개로 라이치완賴其萬 교수의 글 「시간을 되돌릴 수 있다면 나는 아버지에게 비위관을 삽입하도록 고집할까?」를 읽었다. 그는 이 글에서 101세에 임종한 아버님이 생애 마지막 시기에 1년 넘게 지속된 비위관 삽입으로 인해 겪은 갖가지 괴로움과 피곤함에 대해 묘사했다. 글을 읽다가 코끝이 찡해졌다. 라이 교수는 타이완에서 의사-환자 관계를 중시하는 의료 인문학의 대가다. 나의 부탁으로 공사다망한 와중에도 깊은 가르침을 주는 추천사를 써주셔서 깊이 감사드린다.

어머니가 돌아가신 후 전염병이 기승한 탓에 심신테라피 수업 선생님들이 해외 강의를 못 나가게 되어 국내에서 강의를 많이 열었다. 나는 이 기회를 틈타 스터디와 워크숍에 많이 참여했다. 어머니는 뤄즈중羅志仲 선생님으로부터 에크하르트 톨레*의 마음챙김mindfulness을 배워 매일 정좌하고 마음을 가라앉힌 채 선Zen적 요법으로 일상생활을 하면서(선적양치, 선적설거지, 선적청소, 선적기다림, 선적산책, 선적필사, 선적십자수 등) 내면을 안정시켰다.** 저우즈젠周志建 선생님의 힐링캠프에 참가한 적도 있다.*** 우리는 온라인에서 삶과 죽음의 문제에 대해 이야기를 나눴다. 선생님과 참가자들이 나의 이야기를 듣고 아주 긍정적인 반응을 보여준 덕분에 마음이 따뜻해지고 자신감이 많이 생겼다. 그리고 리충젠李崇建 선생님의 사티어 빙산 탐사 워크숍에 참가해 스

---

* 에크하르트 톨레, 『NOW: 행성의 미래를 상상하는 사람들에게』, 류시화 옮김, 조화로운삶, 2008.
** 자기 전에 정좌하면 수면의 질이 많이 개선된다. 내가 말하는 선적 요법은 어렵지 않다. 기다림이 필요할 때는 호흡에 집중하고, 일상에서 머리를 쓸 필요가 없을 때는 하던 동작에 오롯이 집중한다. 이렇게 하면 쓸데없는 생각으로 에너지를 낭비하지 않게 된다. 발걸음을 늦추면 내면이 안정되고 평화로워진다. 이것은 성격이 급하고 조바심을 잘 내는 완벽주의자인 나에게 큰 도움이 됐다.
*** 周志建, 『情緒治療: 走出創傷, BEST 療癒法的諮商實作』, 方智, 2020.

스로의 마음을 제대로 이해하고 내면에 가닿을 수 있었다.* 강의실에서 나는 가정사를 이야기하며 몇 번이고 목놓아 울었는데 선생님과 반 친구들의 공감과 위안을 받았다. 이 모든 게 모여 이 책을 쓸 수 있는 자양분이 되었다.

내가 가장 늦깎이 학생이어서인지 선생님들은 나를 특히 많이 챙겨주시며 스승과 제자가 됐다. 저우즈젠과 리충젠 두 스승님은 전문적으로 공부한 베스트셀러 작가로, 흔쾌히 추천사를 써주시고 아낌없는 코멘트로 이 책의 가이드를 해주셨다.

가장 의외였던 인연은 수십 년 동안 치매를 앓아온 어머니가 단식 존엄사를 행하기에 적당한지 편지로 물어온 장張 선생이었다. 나는 이 책의 일부를 장 선생이 참고할 수 있게 보내줬다. 서신을 주고받다가 그녀가 불교를 공부한 지 오래된 보살님이라는 것을 알게 됐다. 마치 어머니가 나와 아버지의 마음속 응어리를 풀도록 이끌어준 스승님인 것처럼, 장 선생은 내가 불교에 더 정진하도록 인도해줬다.

"관련 없는 제3자의 관점에서 선생님 아버지의 일생을 바라보면, 사실 아버님이 가족 그 누구에게도 상처 주지 않았다는 게 보일지도 몰라요. 저는 선생님 아버지와 아는 사이는 아니지만 자식을 사랑하지 않는 아버지는 없다고 굳게 믿거든요. 아버

---

* 李崇建, 『李崇建談冰山之渴望: 幸福的奧義』, 寶瓶文化, 2021.

님이 그러셨던 건 병에 걸려서 마음 상태가 건강하지 않았고 죄업 때문이에요. 그리고 소중한 사람한테 가르침을 받거나 치료받은 적이 없었잖아요. 아버님이 어머님을 여러 모습으로 대한 것도 대대로 내려온 버릇과 기질이 유감스러운 모습으로 드러났기 때문인 것 같아요."

장 선생의 말이 정곡을 찔렀다. 아버지는 확실히 속으로 우리를 사랑했다. 아버지가 우리에게 상처를 주기 위해서 그랬던 것은 아니었다. 사실 아버지는 우리의 사랑을 받고 싶어했다. 하지만 어리석음으로 인해 자신의 뜻과 정반대로 행동했다. 우리는 상처를 입었기 때문에 아버지가 원하는 바를 알아챌 수 없었고 아버지가 우리를 위해 했던 희생도 잊은 나머지, 고마움을 갚지 못했다.

"선생님이 쓰신 글 중에 어머니의 장례식 때 어머니가 무릎 꿇었던 일화를 얘기하는 부분을 읽고 제가 다 마음이 아팠어요. 어머니가 마음고생하신 게 참 안됐더라고요. 하지만 어머니는 그 이야기를 꺼냄으로써 진정으로 벗어던질 수 있었을 겁니다. 선생님 가족들이 아버지를 더 원망하길 바라는 마음은 절대로 아니었을 거예요."

나는 어머니가 '무릎을 꿇었다'는 얘기를 듣고 난 뒤로 확실히 아버지에 대한 원망이 커졌다. 심신테라피 수업 때 그 일을 꺼내며 가엾은 어머니 생각에 눈물을 뚝뚝 흘리기도 했다. 그런데

장 선생의 말을 들으니, 내가 장녀로서 어머니와 동생들의 보호자인 것처럼 불의를 참지 못하는 정의로운 사람이 되어 아버지가 가족에게 했던 핍박만 기억한 채 앙심을 품고 길러준 은혜를 까맣게 잊어 보답하지 못했다는 것을 깨달았다. 가족들이 오랫동안 심리적으로 아버지와 소원했던 것은 아버지에게 큰 고통이었을 것이다. 아버지가 하늘에서 평안하길 바라며 우리를 이해해주시기를!

우리는 도를 닦기 위해 이 세상에 왔다. 인간세계에서 가장 중요한 도량은 집이다. 아버지는 우리가 도를 닦을 수 있도록 테스트해준 선생님이 아닐까!

책 집필 역시 수행이다! 나의 펜으로 말미암아 어머니는 계속 아름답게 살아계실 것이다.

가장 소중한 수업:
죽음에 초연했던 어머니_
남동생 비헝다 畢恆達(국립타이완대학 건축도농연구소 교수)

군생활과 유학 시절을 제외하고 나는 줄곧 아버지, 어머니와 함께 살았다. 이제 혼자 살다보니 종종 눈앞에 부모님의 익숙한 모습이 떠오른다.

유년 시절은 파편으로만 남아 있다. 기억 속 아버지는 포커 카드 게임을 좋아하고, 하모니카를 불거나 노래하기 좋아하고, 붓글씨를 자주 썼으며, 우표·지폐·애국복권을 모았다. 내가 세 살쯤 됐을 때 앳된 목소리로 부른 「복숭아꽃은 빨갛고 오얏꽃은 하얗다」를 아버지가 녹음기로 녹음해놓고, 몹시 큰 자전거에 날 태우고 바람을 쐬었던 기억도 난다. 하지만 그보다 더 기억에 남는 일은 걸상을 들고, 무릎을 꿇고, 벨트로 맞다가 "다음부터 안 할게요"라는 말을 하고 나서야 끝났던 훈육이다. 나는 석차가 앞자리에서만 맴돌고 학교에 개근하던 모범생이었는데 대체 어떤 일로 아버지를 화나게 했을까. 당시 어른들의 교육관 때문이었는지도 모르겠다.

초등학교 저학년 때는 학교 교직원 기숙사에서 지냈다. 어느 날 저녁, 친구들과 함께 옆집인 선생님 숙소에서 놀았는데 선생님이 우리에게 지우개를 하나씩 주셨다. 나중에 이 일을 알게 된 아버지는 불같이 화를 내면서 아무 이유 없이 대가를 받으면 안 된다며 얼른 돌려주고 오라고 했다. 그리고 한번은, 시험 볼 때 문제가 너무 쉬워서 친구 몇 명과 20분도 채 안 되어 답안지를 제출하고 교실 밖으로 나가서 논 적이 있다. 나중에 담임 선생님이 그 사실을 알고 일찍 답안지를 제출한 학생들을 앞으로 불러 일렬로 세운 다음 대나무 빗자루로 허벅지 뒤를 때렸다. 선생님은 우리가 다시 검산하고 답안을 확인해야지, 일찍 답안지를 제출하면 안 된다고 생각했다. 초등학교 5학년 때 국어 시험에서 93.5점을 맞은 적이 있다. '유지경성有志竟成'으로 문장을 만들라는 문제에 답을 안 썼는데 이미 문장이 완전해서 더 쓸 필요가 없다고 생각했기 때문이었다. 선생님은 내가 시험을 더 잘 볼 수 있었다고 생각했는지 시험지를 나눠주다가 공개적으로 나의 시험지를 힘껏 구겨 창밖으로 던져버렸다. 나는 수치스럽게 교실 밖으로 나가 시험지를 주웠다.

이런 경험들로 인해 나는 스스로를 엄격하게 단속하면서도 한편으로는 자신감이 극도로 떨어졌다. 대학교수가 된 지금도 다른 사람들의 명석함과 높은 학식이 부럽고 나는 아무것도 모르는 것 같다. 웃긴 일이 있다. 어른들은 우리에게 신중하게 생각한 후에 행동(혹은 말)하라고 가르치며 말을 함부로 내뱉기 전에 먼저 마음속으로 여러 번 연습해야 한다고 했다. 그런데 마음속으로 한 번 말하고 나면 나로서는 이미 말했으니 반복해서 내뱉고 싶지 않았기에 어릴 적 말수가 적었다. 말 한마디, 행동 하나하나는 다른 사람에게 보여주기 위해서가 아니라 나 자신을 위해서라고 교과서에서 배운 것처럼, 오랫동안 나는 집에서 샤워한 후 내 방에서도 셔츠와 긴 바지를 입고 있었다. 대학교 4학년 때 타오위안 운동장에서 오래달리기 연습을 시작했는데 그때도 셔츠와 정장 바지를 입고 있었다.

어머니에 대해서는 어떤 기억이 남아 있을까. 초등학생 때 나는 감기에 걸리면 그것이 기관지염이 되고 또 폐렴으로까지 번지곤 했다. 그래서 어머니는 아침마다 숱하게 나를 업은 채 보건소에 가서 주사를 맞히고 학교까지 데려다주셨다. 이런 적도 있다. 어머니와 타이베이에 갔다가 저녁에 뤄둥으로 돌아오는 야간열차를 탔다(일반 기차를 타고 뤄둥까지 가면 날이 밝는다). 나는 피곤한 나머지 어머니에게 기댄 채 잠들었는데 어머니는 안전이 걱정돼 눈을 붙이지 못했다. 몇십 년 후에 어머니에게 이때 이야기를 하니, 어머니는 여자 홀로 나를 데리고 타이베이에 갔을 리 없다고 했다. 하지만 나는 이 장면이 사진처럼 선명하다. 어머니가 재봉하던 모습도 물론 기억난다. 내가 다섯 살 때부터 어머니는 재봉틀을 만지셨는데 내가 치마 밑단을 잡아주곤 했다고 한다. 우

단식 존엄사

리 세 남매는 어머니가 치맛단과 바짓단을 바느질하고 단추를 달 때 소소하게 도와주며 50위안씩 용돈을 벌었다. 어머니 다리를 베고 누우면 어머니가 귀를 파주던 기억도 난다. 진먼으로 군대 갈 때, 뉴욕으로 유학 갈 때, 나를 배웅하러 우리 집 1층 현관까지 내려와 멀어져가는 나를 바라보던 어머니의 아쉬운 표정이 뇌리에 남는다. 그 정지 화면을 떠올리면 눈물이 핑 돈다. 어머니가 가족들과 돈 때문에 서로 엎치락뒤치락하던 장면도 기억난다. 어머니가 다른 사람에게 돈을 건네는 경우든 다른 사람이 건네는 돈을 안 받는 경우든 마지막에는 항상 어머니가 이겼다. 어머니는 잇속을 차리지 않고 타인을 잘 도와주는 분이었다.

중학교에 다닐 때 아버지는 내 친한 친구가 보낸 편지를 뜯어 보는 것으로도 모자라 맞춤법까지 고쳐놓았는데 그 일이 나에게 큰 상처가 됐다. 몇 년 후 어머니에게 이 일을 얘기하니 어머니는 내 기억이 틀렸다며 편지가 아니라 일기를 몰래 봤다고 했다. 나는 그 일 이후로 아버지와 데면데면하게 지냈다. 하지만 심각하지는 않았다. 아버지가 당구를 가르쳐줬던 것도 생각난다. 석사 입학 구술시험 날에는 시험장까지 오토바이로 나를 데려다줬다. 대학원에 다닐 때, 아버지가 작은매형에게 보험 가입을 권유해서 작은매형이 내 의견을 물어본 적이 있다. 당시에 나는 보험이나 부동산 매매 같은 것으로 이익을 취하는 일을 혐오했기 때문에 보험에 가입하지 말라고 했다. 그러자 아버지는 내가 팔이 밖으로 굽는다며, 창문 밖으로 뛰어내리겠다고 길길이 날뛰었다. 나는 어쩔 수 없이 무릎을 꿇고 잘못을 인정하며 아버지의 화를 가라앉히는 수밖에 없었다. 이미 성인이 된 내가 찬성하지 않는다는 의견을 냈다는 이유로 그런 일을 당하니 마음속 상처가 깊어졌다.

1986년 뉴욕에서 유학하던 시기에는 가족과 떨어져 낯선 타지에 와서인지 한동안 악몽에 시달렸다. 한번은 내가 책상 앞에 앉아 있는데 아버지가 갑자기 뒤에서 걸어오더니 내 손에 있던 펜을 사납게 빼앗았다. 나는 계속 "저한테 없어요!"라거나 "저 아니에요!"라며 억울하다고 소리쳤다. 아버지는 저팔계가 휘두르는 쇠스랑 같은 것을 들어 내 가슴에 꽂더니 바닥으로 질질 끌었다. 연일 그렇게 육체적으로 고통받는 꿈에서 깨어 사방을 둘러보고 낯선 국가에 덩그러니 홀로 있는 내 모습에 설움이 폭발해 엉엉 울었다. 이런 일이 몇 차례나 있었는지 모르겠다. 대륙에 친지 방문이 가능해지자 아버지는 고향을 방문했다. 나도 원래 미국에서 직접 출발해 아버지와 만나려고 했다. 어쩌면 아버지를 조금 더 이해할 수 있는 기회라고 생각했던 것 같다. 그런데 아버지가 나의 학기가 끝날 때까지 기다리지 못하고 혼자 다녀오는 바람에 돈독해질 수 있는 기회를 놓쳤다.

타이완대학으로 돌아와 교편을 잡은 후 어느 날, 아침 일찍 누군가가 다급하게 문을 두드리는 소리를 듣고 깼다. 어머니의 얼굴에 핏자국이 선명했다. 어머니는 조금 전 맞은편 초등학교 운동장에서 요가를 하다가 낯선 남자의 공격을 받았다고 했다. 나는 아버지와 어머니를 모시고 근처 병원으로 갔다. 어머니가 침대에 누워 검사를 기다리는 동안 아버지는 어머니가 노출이 있는 옷(요가복)을 입었기 때문이라고 계속 어머니를 탓했다. 내가 "어머니는 잘못 없어요. 그 사람 잘못이죠"라고 했더니 아버지는 듣자마자 이 세상에 어느 아들이 아버지가 틀렸다고 하느냐며 격노했다. 하지만 병원이라는 것이 걸렸는지 더 이상 흥분하지는 않았다. 어머니를 집에 모셔다드리고 나는 아침 수업을 핑계 삼아 부리나케 집을 나섰다. 공격을 당해 몸을 다친 어머니는 아직 겁먹은 마음이 채 가라앉지 않았는데 성난 아버지에게 나를 나무라지 말라고 달래기까지 해야 하다니 어머니가 참 가엾었다.

나는 아버지와 싸우지 않았다. 피할 뿐이었다. 타이완대학으로 돌아와 학생을 가르친 10~20년 동안 매일 아침 침대에서 일어나면 잠시 후 거실 소파에 앉아 있는 아버지를 어떻게 마주할지 고민했다. 나는 대개 "학교 다녀오겠습니다"라고 말하며 급히 집을 나섰다. 가끔은 아버지가 나를 불러 세워 몇 분만 기다리라고 했다. 그러고는 수도 없이 들었던 이야기를 반복했다. 아버지는 이야기하면서도 내가 여기서 듣고는 있지만 사실 한 귀로 흘리고 있다는 걸 안다고 했다. 때때로 아버지는 이상한 문제를 냈다.「국기가國旗歌」가사를 외우고 있는지, 삼민주의 구호를 이어서 대답할 수 있는지 같은 것들 말이다. 때때로 아버지는 모르는 체하며 물어보기도 했다. 상대방이 대답을 못 하면 답을 말해줬다. 언젠가 아버지가 나에게 "사람은 짐승과 다름없냐?"라고 물어서 "사람만 인간이 죽을 거라는 것을 미리 알죠. 살면서 이런저런 선택을 하잖아요. 동물은 생리적으로만 죽음에 가까워질 뿐이고요"라고 대답했다. 나는 마르틴 하이데거가 언급한, 인간은 죽음을 향해 나아가는 존재라는 것을 말했을 뿐이었는데 드물게도 아버지에게 칭찬을 받았다.

우리는 인생관, 처세법, 정치 입장이 전혀 달랐다. 아버지가 좋아하는 책 몇 권(『신과 나눈 이야기』『여래의 백합如來的小百合』『생의 수레바퀴』와 같은)을 사다주는 일 외에 우리는 한 지붕 아래 몇십 년을 함께 살았지만 대화가 별로 없었다.

1992년 타이완으로 돌아와 교단에 선 뒤 격년으로『연합보聯合報』에 환경 관찰 칼럼을 쓰다가 얼마 안 가 젠더 문제에 대한 칼럼을 썼다. 집도 내가 관찰하는 장이었다. 가끔 부모님의 이야기도 쓰곤 했는데 신문이 발간되면 어머니께 보여드리며 내가 어머니 편에 있다는 것을 은근히 알려드렸다. 그리고 아버지께도 보여드렸는데 아버지는 글 안에 당신 이야기가 있는 것을 알아보지 못하고 글 속에 나오는 남자를 같이 욕했다. 이것도 괜찮았다. 나는 젠더 연구자로서, 아버지를 바꿀 수는 없으니 묵묵히 어머니를 응원하는 수밖에 없었다. 어머니는 나의 글을 읽고 내가 외부에서 강연도 자주 한다는 것을 알았다. 어머니의 여성 친구들도 내가 쓴 글을 읽었다. 이런 것이 미약하게나마 어머니가 젠더 문제에서 겪은 억울함을 풀어줬는지 모르겠다.

우리 외가에는 소뇌실조증 유전병이 있는데 사촌 형과 그 자녀들은 일찍 발병해 매우 비참했다. 그런데 나는 초등학교 4학년 때 이란으로 이사한 후 그들과 교류가 적어져 크게 와닿지 않았다. 어머니는 60세가 넘어 확진을 받았다. 어머니와 누나 둘은 행여나 아이들에게 유전이 됐을까봐 노심초사했다. 당시 나는 그런 상황을 몰랐다. 내가 알게 됐을 때는 누나와 조카 셋 모두 병에 걸리지 않았음을 확인한 뒤였다. 그래서 나는 그들이 겪었을 초조한 심정을 모른다. 가족 중에서 검사하지 않은 나만 마지막 미지수였다. 어머니는 당연히 내가 검사하길 원했다. 병에 걸리지 않았다는 걸 확인하고 마음속 짐을 내려놓고 싶어했다. 그러나 나는 그 병은 약도 없으니 알아봤자 할 수 있는 일이 없다고 생각했고 따라서 나의 생활과 심정은 소뇌실조증의 아무 영향도 받지 않았다. 나는 자식도 없으니 더 마음에 담아두지 않았다.

내가 수업을 시작하면서 월급을 받은 후, 어머니는 드디어 돈 걱정이 사라져 옷을 만들어 돈을 벌지 않아도 됐다. 하지만 재봉은 변함없는 어머니의 취미였다. 2012년 아버지 별세 후 어머니에게는 처음으로 자유가 생겼다. 하지만 어머니의 몸은 점점 노쇠하고 있었다. 노년기에는 보통 생활이 규칙적이고 변화를 싫어한다. 어머니는 식사하거나 잠자는 것처럼 반드시 해야 하는 일 외에 낮 동안에는 작업실에서 드르륵드르륵 재봉틀을 돌렸다. 큰 박스에 쌓인 자투리 조각을 패치워크로 손잡이 달린 봉투, 티슈 케이스, 동전 지갑으로 만들어 바자회에 내거나 사람들에게 선물했다. 다른 사람에게 칭찬받고 감사하다는 말을 들으며 어머니는 자신의 존재 가치를 확인하고 남을 위해 봉사하는 마음을 느꼈으리라. 친한 친구가 우리 집에 놀러 와 이야기하다가 재봉에 흥미가 있다고 말했을 때 어머니는 아낌없이 가르쳐주고 싶어했지만 애석하게도 이뤄지지 못했다. 재봉틀 바늘구멍이 잘 안 보이게 되자 어머니는 정확하게 바느질하기가 힘들어졌다. 페달은 밟을 수 있었지만 실을 바꿀 때는 내가 도와줘야 했다. 그러다 몸이 점점 안 좋아져 결국 재봉틀 페달도 못 밟게 됐다. 어머니는 큰 충격을 받고 이때부터 자신이 다른 사람에게 실제적인 도움을 주지 못하는, 생산적이지 않은 사람이 됐다고 여겼다.

죽는 건 두렵지 않다. 죽기 전 병으로 시달릴 고통이 두렵다. 그러므로 신체를 단련하는 것이 중요하다. 아버지는 단전호흡, 샹궁香功, 파룬궁法輪功을 몇십 년 동안 연마해 스스로의 기운으로 병을 고칠 수 있다고 생각했다. 그러나 어느 날 정상적으로 저녁을 드시고는 이튿날 아침 아무 병고 없이 자다가 귀천하셨다. 부지런히 요가를 하던 어머니는 독학으로 시작해 선생님까지 됐다. 매일 아침 거의 끊기지 않게 완전한 한 세트를 했다. 이른 새벽 내가 비몽사몽일 때 어머니가 옆방 바닥에서 운동하는 소리를 자주 듣곤 했다. 기숙사가 다안썬린 공원 근처인 덕분에 어머니는 오후만 되면 공원을 거닐었다. 몸 상태가 악화됨에 따라 나중에는 공원에서 산책하는 대신 문밖 복도를 왔다 갔다 하다가 더 나중에는 방 안에서 벽을 잡고 걸었다. 처음에는 혼자 거동이 가능했지만 악화되면서 보행보조기에 의지했고, 그러다 휠체어를 타고, 마지막에는 침대에 올라가거나 내려갈 때, 소파에 앉을 때, 화장실에 갈 때 늘 간병인이 안아서 데려다줘야 했다.

어머니는 예전에 집 안 작업실 나무 바닥에서 자주 텔레비전을 봤다. 두 다리에 힘이 없는 어머니를 위해 나는 어머니가 무릎을 조금 구부려 앉을 수 있도록 푹신푹신한 방석을 사다가 바닥에 깔아드렸다. 방석은 한 겹에서 두 겹이 되고, 더 추가돼 두꺼운 세 겹이 됐다. 그런데 방석이 너무 높아지니 어머니가 바닥으로 내려오는 일이 쉽지 않았다. 작업실에서 화장실까지 가는 동선을 어머니의 몸이 가는 대로 따라가보면 벽에 있는 손잡이가 모두 열 개쯤 된다. 그래도 사고가 날 때가 있다. 가끔 엉덩방아를 찧고, 넘어지면서 손발로 짚어 다치거나, 몇 번이고 바닥에 머리로 떨어져 꽈당 소리가 났다. 아프신지 물어보면 어머니는 늘 일주일이면 다 낫는다며 괜찮다고 하셨다.

젊은 사람은 자주 움직이고 적응력이 강해 새로운 공간을 경험하는 것을 좋아한다. 하지만 고령자는 일상생활이 매우 규칙적이고, 움직이거나 다니는 경로에 고정적인 패턴이 있다. 그래서 환경이 바뀌는 일을 두려워한다. 예전에 어머니를 여러 번 달래서 큰누나가 사는 타이중 교외에 있는, 공기가 맑고 널찍한 정원이 있는 곳에서 지내보시게 했다. 그러나 저녁에 어머니가 매일 보던 프로그램 채널이 나오지 않고, 변기 옆에 잡고 일어날 수 있는 보조 손잡이가 없어서 이삼일 만에 타이베이로 돌아왔다.

평소 어머니의 생활은 이렇다. 기상-요가-아침 식사-텔레비전 시청-점심 식사-낮잠-걷기 운동-저녁 식사-주식시장 살피기-온라인 포커 카드 솔리테어 게임(나중에는 독서로 바꿈)-텔레비전 토크쇼 시청, 취침. 텔레비전 프로그램은 고정적으로 몇 개만 시청했다. 아침에는 거자희 「포청천」, 저녁에는 토크쇼(건강 토크쇼)나 교양 프로그램(「이쯔첸진—字千金」과 같은)을 봤다. 원래 집에 설치한 인터넷을 브로드밴드로 바꾸려고 했지만 중화뎬신中華電信의 모드MOD에 어머니가 자주 보던 채널이 없어서 포기했다. 저녁에는 컴퓨터로 주식시장을 살펴보고 전통적인 솔리테어 게임을 했다. 나중에 컴퓨터 속도가 점점 느려져서 새 컴퓨터를 사드렸다. 그런데 솔리테어 인터페이스가 바뀌니 어머니는 적응을 못 했다. 그래서 결국 오래된 컴퓨터를 줄곧 사용했다. 어머니는 솔리테어 게임을 하다가 잘 풀리지 않으면 번호를 적어서 나에게 줬다. 나는 대개 한 번에 풀었다. 지금 생각해보니 당시에 나는 못하는 척했었다. 나중에 어머니는 몸 상태가 점점 안 좋아지며 의자에 앉아 컴퓨터를 할 수 없게 되면서 이 즐거움도 사라졌다.

　어머니는 스도쿠를 좋아했다. 나는 신문을 구독하지 않아서 가끔 친구 신문에 있는 스도쿠를 오려서 어머니에게 드렸다. 그런데 신문에는 있을 때도 있고 없을 때도 있어서 중고 서점에서 스도쿠책 한 권을 사다드렸더니 어머니는 돈 아낄 줄 모른다고 했다. 나중에 어머니는 펜을 잡기도 힘들어져 아라비아 숫자마저 삐뚤빼뚤 쓰다가 네모 칸을 넘게 되니 그만두었다. 이렇게 생활의 즐거움을 하나씩 하나씩(재봉, 솔리테어, 스도쿠) 잃어갔다. 결국 여가생활로 소파에 가만히 앉아 책을 읽거나 텔레비전 보는 일만 남았다. 몇십 년 동안 독서를 안 했던, 책을 펼치면 바로 졸곤 했던 어머니였다. 그런데 마지막 1, 2년은 독서라는 취미가 생겼다. 어머니는 여성 전기소설과 범죄소설을 좋아했다. 판리칭 范麗卿의 『톈쑹피의 봄天送埤之春』부터 양리화, 황웨쑤이, 충야오瓊瑤, 웨이웨이 부인의 전기를 좋아했다.

　내 침실에서 빔 프로젝터로 DVD를 볼 수 있어서 어머니에게 어떤 영화를 보고 싶은지 물어보면 어머니는 늘 공포영화를 보고 싶어했다. 무서울수록 더 좋아했다. 보고 나면 밤에 악몽을 꾸지 않는지 물어봤더니 어머니는 절대 안 그런다고 했다. 마지막 나날에는 「링」부터 「컨저링」「사탄의 인형」「애나벨」「오편」「마신자」「디 아이」「워킹 데드」까지 쭉 봤다.

어머니의 마지막 나날을 돌아보면 크게 세 가지 충격이 있었다. 첫 번째는 재봉을 못 하고, 밥을 못 짓고, 빨래를 못 하게 된 일이다. 어머니는 자신이 다른 사람에게 해줄 수 있는 일이 없어 쓸모없는 인간이 된 듯하다고 했다. 두 번째는 요가 동작을 다시는 할 수 없게 된 것이다. 컴퓨터 게임조차 할 수 없게 되어 평상시 시간을 보낼 수 있는 여가생활이랄 게 없어졌다. 마지막은 몸 상태가 계속 악화돼 다른 사람에게 민폐를 끼치게 된 일이다. 화장실에 갈 때 다른 사람을 귀찮게 하기 미안해서 어머니는 한밤중에 깨도 간병인을 못 깨웠다. 누워 있으면 몸을 뒤집기 힘들고, 오래 앉아 있으면 엉덩이가 아팠다. 물만 마셔도 한참 동안 사레가 들렸다. 고통이 삶의 즐거움을 넘어섰다. 어머니는 이미 삶의 의무를 다했고 다른 이에게 빚진 것도 없으니 떠날 때가 됐다고 여겼다.

어머니는 떠나기 몇 달 전부터 이듬해 생일이 지난 뒤 떠나겠다고 알렸다. 당시에 나는 이것이 나중 일이라고 생각했는데 도피 심리였던 것 같다. 마지막 몇 달 동안 어머니께 책을 사다드리고 함께 영화 보거나 이야기 나누며 내심 어머니가 그저 해본 말이라고 해주길 바랐다. 정말로 단식을 시작하는 걸 보고 '진짜 이렇게 한다고?'라는 생각이 들었다. 다시 잘 생각해보라고, 몇 번이나 어머니를 말리고 싶었다. 하지만 어머니가 얼마나 고통스러운지는 내가 감히 짐작할 수 없을 터였다. 어머니가 오랫동안 계

단식 존엄사

획해온 일이었다. 어머니가 이왕 이렇게 생각을 굳혔으니 나는 그 결정을 응원하는 수밖에. 그러나 나는, 하염없이 나오는 눈물을 걷잡을 수 없었다.

나는 무신론자다. 교회에서 기도하거나 절에서 향을 피우지 않고 조상께 제사를 지낸 적도 없다. 나는 하루하루가 평범하면서 특별하다고 생각해 명절을 딱히 쇠지 않는다. 지구와 태양은 광대한 우주에서 모래 한 알에 지나지 않는데 나라는 존재는 또 뭐란 말인가? 유일하게 할 수 있는 일은 유한한 삶 속에서 존귀하고 책임감 있게 하루하루 사는 것이다. 우연히 태어나, 필연적으로 죽는다. 죽음에 초연했던 어머니는 가장 소중한 수업을 해주셨다. 나 또한 이곳에 밝히겠다. 앞으로 다른 이들이 혐오하는 노인이 되지 않으리라. 어느 날 몸이 노쇠해 고통만 남았을 때 중환자실에 들어가지 않고, 응급 처치를 받지 않고, 튜브를 삽입하지 않고, 죽은 뒤에는 어떤 의식도 하지 않도록 하여 지전 한 장 태우지 않고 한 줌의 먼지로 돌아가겠다.

後기 3

삶과 죽음의 난제_
남편 황둥수黃東曙(보성博生산부인과의원 원장)

우리 아버지는 1927년에 태어나 일제강점기 교육을 받은 신주新竹 커자런이다. 신주상업학교 졸업 후 신주 타이완 성냥 회사에서 일했다. 아버지는 아주 성실했다. 집안에서 여덟 자녀 중 넷째로 장남이었는데 매달 월급을 받는 족족 우리 할머니께 드렸다. 커자런은 각고의 노력을 견디고 집안을 잘 돌봐야 한다는 정신을 지니고 있다.

내가 다섯 살 때 아버지 회사에서 인사이동이 있어 온 가족이 타이중으로 이사했다. 어머니 말에 의하면 그때 아버지의 월급은 800위안이었다. 월급을 전부 써버렸기 때문에 어머니 친정에서 2000위안을 빌려 초기 생활비로 썼다. 처음에 외할아버지는 화가 나서 황 씨네 집에서는 정 없이 돈을 안 빌려줬다고 생각했다. 어머니가 상심하여 떠나자 모질지 못한 외할아버지는 신주에 사는 작은아버지에게 돈을 보태달라고 부탁했다.

아버지는 우리 세 남매를 예뻐했다. 어렸을 때 우리 집 다섯 식구는 자전거 한 대를 함께 타고 영화를 보러 가곤 했다. 새로 나온 영화는 거의 다 봤다. 초등학교 5학년 때, 아버지는 성냥 광고 업무를 겸직해 부수입이 많이 생겼다. 그래서 회사에서 가장 먼저 텔레비전과 전기냉장고를 샀다. 스쿠터도 한 대 샀는데 휴일에는 다섯 식구가 함께 타고 여기저기 놀러 다녔다. 돌이켜 생각해보면 정말 신기하다. 즐거운 일만 기억에 남아 있다.

나는 타이중쥐런중학교에 다녔다. 고등학교 연합시험 때 우리 반에서 1등, 3등이 나왔는데 나는 7등이었다. 타이중이중* 교문에 석차 10등까지 기재된 빨간색 명단이 걸렸는데 우리 셋의 이름도 있었다. 아버지는 영광스러워했다. 고등학교 1학년 겨울 방학에 나는 타이베이로 가서 젠궈고등학교 전학 시험을 봤다. 편하기도 하고 돈도 아낄 겸 아버지는 오토바이로 나를 타이중에서 타이베이까지 데려다주셨다. 다섯 시간이 걸려 먼저 징메이 여자중학교에 도착해 시험장을 보고 룽장제에 있는 이모할머니 댁에서 하루 묵었다. 그리고 염원대로 젠궈고등학교에 붙었다.

고등학교에 다니던 초창기에는 집이 그리워서 매주 토요일 점심에 학교가 끝나자마자 타이베이 기차역으로 가서 12시 반 기차를 타고 타이중으로 갔다. 그 시간에는 사람이 붐벼 종종 입석을 탔다. 나중에는 좌석 버스가 생겨서 타이중까지 네 시간이 걸

---

* 타이중에서 가장 좋은 명문 남자고등학교. ─ 옮긴이

렸다. 매번 아버지가 오토바이로 역까지 마중 나오고 배웅해줬다. 기차를 타고 타이베이로 올라올 때, 아버지는 반드시 개찰구에 서 있다가 기차가 떠나고 나서야 자리를 떴다. 기차에 앉아 멀리서 아버지의 뒷모습을 배웅하면 마음이 복잡했다. 고등학교에 조금씩 적응하면서 한 달에 한 번만 집에 가게 됐다.

나는 구링제에 있는 학생 공용 기숙사에서 살았다. 고등학교 3학년 때는 전국이 테이블 축구에 열광했다. 우리 기숙사 1층에 있는 오락실에는 축구 테이블이 많았는데 친구들과 기술을 연마해 우리 학교 학생들을 다 이겨 적수가 없었다. 어느 날, 열띤 경쟁을 하고 있는데 아버지가 별안간 나타나(그때 기숙사에 전화가 없었다) 근심이 가득한 얼굴로 내가 대학 수능시험을 열심히 준비해서 반드시 의과대학에 붙어야 한다고 훈계했다. 그래서 마지막 두 달 동안 마음을 다잡고 노력한 끝에 1지망에 합격해 아버지의 기대를 저버리지 않을 수 있었다. 아버지 역시 집안의 영광이라고 했다.

1986년 나는 타이완대학병원 산부인과에서 치프 레지던트를 마치고 타이중으로 돌아와 런아이병원 산부인과에서 주임 의사를 맡았다. 아버지는 이미 퇴직하셔서 매일 손자 둘을 등하교시키고 두 외손주까지 돌봐주셨다. 아버지와 어머니는 함께 세계 각지를 여행하며 온 가족이 20년 동안 아름답고 즐거운 시절을 보냈다.

단식 존엄사

아버지는 이웃들도 공인한 좋은 남편이었다. 매일 근처 골목을 깨끗이 빗자루질하고, 내 친구들이 집에 놀러 와서 신발을 현관에 벗어놓으면 아버지는 신고 나가기 편하게 신발 앞코가 밖을 향하도록 정리했다. 아버지는 꼼꼼하고 자식을 때리는 법이 없었다. 우리에게도 자식을 때리지 말라고 타이르셨다. 2005년 가장 어린 손자가 대학에 입학하면서 아버지는 손주 등하교를 도와주는 일도 그만두게 됐다. 아버지의 두 번째 퇴직인 셈이었다. 이때 아버지는 이미 일흔여덟 살이었다.

2004년 봄, 아버지가 일흔일곱이었을 때 나는 처음이자 마지막으로 부모님을 모시고 해외여행을 갔다. 우리는 도쿄, 하코네마치, 교토, 오사카에서 벚꽃을 감상했다. 이때 특별히 아버지를 모시고 아버지가 초등학교 졸업여행으로 다녀온 고토쿠인과 도다이사에 다시 방문했다. 내가 일부러 아버지 초등학생 때처럼 도다이사 대전에 있는 지혜의 기둥 구멍으로 무릎을 꿇고 기어가니 아버지는 감회가 남달랐다고 했다. 여행 중 아버지는 여러 번 여행 코스가 내키지 않는다며 문 앞에서 혼자 우리를 기다리겠다고 했다. 그때 우리는 그저 아버지 체력이 안 좋아서 그런 것이라 여겼는데 나중에 생각해보니 치매 초기 징조였던 것 같다. 연로하신 부모님과 함께 내 인생에서 가장 아름답고 귀중한 추억을 남길 수 있었지만 그 후로 다시 기회가 없어서 아쉬울 따름이다.

우리 할아버지는 일본 경찰이었다. 샤먼 일본영사관에서 근무했기 때문에 우리 가족은 샤먼에서 한동안 살았다. 아버지는 샤먼초등학교를 나왔다. 양안[*] 개방 후 아버지는 초등학교 동창회에 몇 번 다녀왔다. 당시 샤먼 부시장이 아버지의 초등학교 동창이었다. 아버지가 쓰러진 지 얼마 안 됐을 때, 아버지는 우리와 함께 전에 살던 집에도 가보고 샤먼 고향 친구도 만나기를 바랐다. 나는 바쁘기도 했고 아버지 기억력이 감퇴하기도 했으며 이미 세월이 오래 지나서 찾기 힘들다고 생각해 완곡히 거절했다. 이제 와 생각하니 아버지의 마지막 소원을 못 들어드린 게 정말 유감스럽다. 나이가 들면 어릴 적이 더욱 그리운 법인데! 2008년 나는 로터리클럽을 따라 샤먼에 구기 경기를 하러 갔다. 당시 나는 아버지가 졸업한 샤먼초등학교를 찾아 헤맸다.

태풍이 왔던 2006년 어느 날 밤, 아버지는 15년 동안 탔던 아끼는 차를 도둑맞아 마음 아파했다. 하루는 아버지가 잃어버린 차가 해안가에 있는 꿈을 꿨다며 나에게 같이 가서 찾아보자고 했다. 나는 오후에 아버지를 모시고 다두산 근처 우치, 칭수이, 다자를 돌고 돌며 대로변부터 작은 골목골목까지 찾아다녔다. 역시 잃어버린 차를 찾지 못했고 아버지는 중얼중얼 혼잣말하다가 실망해 포기했다. 그 후에 내가 새 차를 사드렸는데(어머

---

* 중국과 타이완. ─ 옮긴이

단식 존엄사

니는 반대했지만), 아버지는 점점 오디오나 에어컨 켜는 법을 잊어 버리고 집으로 오는 길을 틀리곤 했다.

아버지는 계속해서 넘어지고 동시에 기억력과 정서장애가 나타났다. 치매 초기에 가장 견디기 힘들어한 사람은 우리 어머니였다. 아버지는 식사 때마다 음식이 너무 짜다, 맵다, 맛없다며 호통을 치고, 거동이 불편해지니 남편을 제대로 돌보지 않는다며 어머니를 탓했다. 한번은 어머니가 한밤중에 위로 올라와 나를 깨웠다. 화장실에 가려는 아버지를 부축하다가 아버지가 중심을 잃고 바닥에 넘어졌던 것이다. 바지를 반쯤 벗은 채 바닥에 비스듬히 누운 아버지의 무력한 모습과 어색해하는 눈빛을 보니 가슴이 미어졌다. 어머니와 끙끙거리며 아버지를 바닥에서 일으켜 세웠다. 평소에 어머니 혼자 어떻게 했는지 모를 일이다.

아버지는 친구가 찾아오면 어머니가 자신을 학대하며 자신이 빨리 가기를 간절히 원한다고 푸념했다. 손님이 돌아간 후 어머니는 혼자 거실에 멍하니 앉아 이곳을 떠나고 싶다고 했다. 그런데 어머니가 갈 곳이 어디 있겠는가? 어머니는 아들, 며느리, 손자 곁을 떠나기 아쉬워해 단 하루도 자리를 비운 적이 없었다. 돌이켜보면 우리가 외국인 간병인을 너무 늦게 신청했다(근검절약하는 어머니가 반대했다). 사실 와상생활 전, 움직일 순 있지만 계속 넘어지는 시기의 환자를 돌보는 일이 가장 힘들다. 또한 언어능력은 아직 괜찮지만 분노가 가득하며 절제력을 잃었을 때가 반려자가 가장 슬퍼하는 시기다(아버지는 자녀, 며느리, 손자에게는 욕한 적이 없다).

"나 좀 구해줘!"

아버지가 커자런 방언으로 나에게 했던 가장 마지막 말이다. 아버지의 무력하고도 어찌할 바 모르는 눈빛은 한평생 못 잊을 것 같다. 그때 아버지는 이미 평소에 사용하던 표준어를 쓰지 못해 고향 말인 커자런 방언과 일본어만 사용했다. 아마 아버지의 언어 저장 공간에 어릴 적 언어만 남았지 싶다. 나는 "괜찮아요. 제가 구해드릴게요"라고 말할 수밖에 없었다. 그런데 내가 진짜 할 수 있었을까?

둘째 시숙부님은 아버지보다 5년 일찍 치매로 와상생활을 해서 우리는 자주 문안을 갔다. 시숙부님은 나에게 요즘 의료가 이렇게 발전했는데 왜 치료가 안 되는지 묻곤 했다. 아버지는 발병 후 병세의 악화 속도가 빨랐다. CT 촬영을 해보니 대뇌 용량이 줄었고 다발성 뇌졸중이었다. 1년쯤 뒤에 도뇨관과 비위관을 삽입했고 언어 능력을 잃어 완전히 누워 지내는 상태가 되었다. 마지막에는 의식불명에 몸이 경직됐다. 나는 부끄럽게도 의사로서 도와줄 방도가 없어 아버지가 하루하루 쇠약해지는 모습을 두 눈으로 보고 있을 수밖에 없었다.

우리는 매일 침대맡에 아버지가 가장 좋아하는 일본 노래를 틀어드렸다. 우연이었는지 아버지는 아무 이유 없이 눈물을 흘리

단식 존엄사

셨다. 혹시 아직 반응이 있는 걸까? 나는 아버지가 이제 아무것도 느끼지 못해 어떤 고통도 받지 않고 있기를 기도할 뿐이었다. 하지만 아버지의 정신과 영혼은 우리와 함께했다. 어머니는 아버지가 아직 감각이 있는지 자주 물었다. 나는 이미 감각이 없어서 고통을 못 느끼실 거라고 대답했다. 이렇게 해야만 우리는 아버지가 존엄하지 못한 상태로 질질 끌면서 하루하루 견디는 일을 애써 참을 수 있었다. 사실 나는 마음속 깊은 곳에 불안한 그림자가 져 죄책감을 느끼고 있었다.

아버지는 이렇게 의식이 없는 상태로 침대에 12년을 누워 있었다. 갑자기 위급해져 응급실에 두 번 간 것 외에는 자리를 떠난 적이 없다. 그동안 아버지를 이 상태로 목숨만 겨우 부지하게 놔두는 것이 의미가 있을까, 아버지가 이렇게 하기를 원할까, 회의감이 들었다. 수명 연장이 잔혹한 일이 되어버렸을 때 우리는 어떻게 해야 할까?

나는 매달 아버지의 비위관과 도뇨관을 교체해드렸다. 아버지는 몸이 경직된 탓에 튜브를 교체할 때 불편해하는 것이 느껴졌다. 하지만 아버지 스스로 제거할 수 없었다. 홀로 애쓰던 어머니는 외국인 간병인과 함께 집을 지키며 연중무휴로 아버지를 돌봤다. 이 기간 동안 흡인성 폐렴과 욕창이 몇 번 생겼다. 의사인 내가 집에서 아버지에게 주사를 놔주고 약을 처방해줬다. 나는 자주 출국을 해야 했는데 그때마다 아버지에게 별 일이 생기지 않기를 기도하며 조마조마했다.

2007년 말 우리가 스페인 여행을 하던 중 아버지가 갑자기 고열과 함께 애규한 일이 있었다. 그때 인턴 의사였던 큰아들이 급히 중국의약대학부설병원으로 할아버지를 모시고 갔다. 의사소통이 완전히 불가능했기 때문에 이틀 후 전신 CT를 찍고 나서야 담결석과 급성 담낭염이라는 것이 밝혀졌다. 한 달 동안 항생제로 보존적치료를 한 뒤, 위장관외과 친구에게 부탁해 복강경식 담낭 적출술을 받았다.

우리 집에서 일해주셨던 외국인 간병인 다섯 분께 정말로 감사드린다. 우리를 많이 도와주셨다. 필리핀에서 오셨던 마지막 분은 특히 잘 돌봐주셨다. 열심히 가래를 빼고 체위를 변경해준 덕분에 흡인성 폐렴이나 욕창 같은 합병증이 적었다. 행운이나 다름없다. 그렇게 먼 바다를 건너와 임종 직전의 노인을 돌봐주다니 우리의 은인이다. 우리도 간병인을 가족처럼 대했다. 이분들의 도움이 없었다면 우리는 어찌했을지 모르겠다.

2019년 음력 설 다음 날, 온 가족이 모였다. 아버지는 숨을 헐떡이고 호흡이 불안정하더니 가족이 모두 모인 이튿날 새벽에 귀천하셨다. 나는 가끔 아버지가 마지막으로 했던 "나 좀 구해 줘!"의 실제 의미에 대해 곰곰이 생각한다. 긴 시간을 들여서라도 자신을 살려 달라는 말일까? 아니면 일찍 하늘로 보내달라는 말일까? 어머니는 아버지를 간병하는 14년 내내 매일 집을 지켜야

단식 존엄사

했기에 우리와 해외여행을 하거나 놀러 다니지 못했다. 아버지가 떠나셨을 때 어머니는 이미 여든여덟의 고령으로 거동이 불편해 외출을 싫어했다.

인생은 결국 죽음으로 향해 가는 일이며, 늙고 죽는 것이 우리 미래다. 의식이 전혀 없는 채로 와상생활을 이어간다면 삶이 무슨 의미가 있는가? 더 일찍 치매에 걸린 시숙부님은 병상에서 몇 년을 보내다가 결국 3관(도뇨관, 비위관, 기관삽관과 산소호흡기)으로 생명 연장을 해야 했다. 아버지가 와상생활을 7, 8년 한 후에 나와 어머니는 만약 기관삽관을 해야 한다면 거절하자고 합의했다. 아내는 『편안한 죽음을 맞으려면 의사를 멀리하라』를 읽고 나서, 조금씩 음식 섭취를 줄여 아버지를 벗어나도록 해드리는 것은 어떤지 몇 번 제안했다. 그러나 우리는 사랑하는 아버지를 포기하지 못했고 법적인 근거도 명확하지 않았다. 아버지는 당신의 의사를 밝힐 수 없었기 때문에 아버지와 가족 모두 고통스럽기 그지없었지만 손쓸 길이 없었다.

어머니는 언젠가 자신이 아버지와 같은 상황이 되면 무의미한 치료로 생명을 연장하는 일은 절대로 없을 거라고 나에게 일러두었다. 아버지는 유치원부터 고등학교까지 우리 두 아들의 등하교를 도와줬다. 할아버지가 치매로 병상에 오래 계신 일에 대해 어떻게 생각하는지 내가 나중에 물었더니, 두 아들 모두 할아버지를 일찍 고통에서 벗어나도록 해주는 게 맞는 것 같다고 대답했다. 나는 의사지만 정과 법에 얽매여 그렇게 하지 못했다. 사랑하는 우리 아버지에게 송구스럽고 아쉬울 따름이다. 다 끝나고 생각해보니 커다란 불효를 저지른 듯하다.

타이완에서 많은 사람이 선친과 유사하게 하루 종일 튜브에 의지한 채 무의식 상태로 와상생활을 하고 있다. 현재 환자 자주 권리법이 있지만 온전한 행위능력자만을 대상으로 한다. 의식불명으로 의사를 표시할 수 없고, 사전의료결정서에 서명하지 못한 환자에게는 삶의 비극이 따로 없다. 가족도 오랫동안 마음고생 해야 한다. 이런 장기 와상 환자에 대해서 가족의 서명을 통해 발관 존엄사에 동의할 수 있는 권리를 입법으로 응당 보장해줘야 한다.

우리 사회는 죽음을 터부시하며 삶의 마지막 계획과 의료적 결정에 대해 미리 가족들과 이야기하지 않다가 마지막에 가서야 대부분 허둥지둥 어찌할 바를 몰라 당황한다.

장모님의 존엄사와 선친의 12년 와상생활은 극명히 대조된다. 나와 아내는 우리 삶의 마지막에 대해 깊이 생각해보게 됐다. 다행히 지금은 환자 자주 권리법이 있기에 후대가 번거롭지 않게, 또 치료가 힘든 중병에 걸렸을 때 질질 끌지 않도록 우리는 사전의료결정서에 서명하고 건강보험카드에 기재해놓았다. 오랜 세월 의사로서 생로병사를 지켜봤지만 삶과 죽음의 문제는 여전히 어렵다. 예전에 노르웨이에 있는 오슬로 비겔란 공원에서 거대한 조각들을 본 적이 있다. 인간의 조건, 생로병사, 비환리합悲歡離合, 희로애락이 전부 조각에 표현돼 있어 큰 감동을 받았다. 인생은 이와 같다. 태어나서 소멸하기까지 대대로 끊임없이 생장하고 번성한다. 그러므로 우리는 상황을 낙관적이고 열정적으로 마주하고, 현재를 소중히 여기며, 그때그때 사랑하고, 심신의 건강을 잘 유지해야 한다.

　이 책의 중국어 제목을 직역하면 '단식 존엄사'입니다. 단식이라는 말이 조금 극단적인 느낌이 들지만 대체 얼마나 세상을 떠나고 싶으면 그렇게 했을까 하는 호기심에 이끌려 단숨에 읽어 내려갔습니다. 이 책은 소뇌실조증이라는 불치병에 걸린 한 어르신이 삶을 쉬이 포기하지 않고 20년간 꿋꿋이 투병하다가 더 이상 홀로 생활을 지탱할 수 없는 상태가 되자 고통스러운 나머지 곡기를 끊어 스스로 삶을 마감한 실화입니다. 어르신의 장녀이자 재활학과 의사 비류잉 선생은 어머니의 굳센 의지와 용감한 정신을 기리기 위해 어머니의 일생, 투병생활, 죽음을 결정하기까지와 존엄사 과정, 타이완의 존엄사 역사, 간병인과 돌봄 이야기, 타이완의 장례 문화를 글로 남겼습니다. 무거운 주제 같지만 의사이자 딸로서 담담하게, 짐짓 유쾌하기까지 한 어투로 담아냈습니다.

　우리 사회에서 '죽음'은 터부시되는 주제 중 하나입니다. 우리는 어떻게 살지 고민하고 쉽게 이야기를 꺼내지만 어떻게 인간답게 죽을지 입에 담는 일은 꺼리곤 합니다. 특히 가족 간에 이런 주제를 논하기는 더욱 어렵습니다. 그래도 의학 기술의 발전으로 수명이 늘고 고령화 문제가 점점 대두되면서 과거와 달리 공론의 장에서 조금씩 논의되는 분위기가 형성되고 있습니다. 하지만 아직 익숙한 담론으로까지는 이루어지지 않는 것 같습니다. 현재 한국 사회는 어디까지 왔나요? 한국존엄사협회가 설립되어 있다는 사실을 아는 한국인이 얼마나 될지 모르겠습니다. 이제 우리 사회는 죽음, 더 나아가 웰다잉에 대해 더 폭넓게 이야기하며 고민해야 한다고 생각합니다.

이 책에서는 범세계적인 존엄사 문제나 가족 이야기뿐만 아니라 타이완 고유의 전통문화도 엿볼 수 있습니다. 나름대로 타이완과 인연이 있었던 저는 번역하며 아직 타이완이라는 곳에 대해 많이 무지했다는 생각을 줄곧 했습니다. 납득이 되지 않아 막히는 부분은 타이완 깊숙이 녹아 있는 미신 문화 때문이었습니다. 그때마다 타이완 친구 여럿을 괴롭히며 끊임없이 묻는 수밖에 없었습니다. 장례식 부분을 옮길 때는 동년배 친구도 부모님께 여쭤봐야 한다고 해서 본의 아니게 친구 부모님께도 신세를 많이 졌습니다. 지금껏 제대로 상을 치러본 적 없었기에 한국의 장례 문화조차 깊이 알지 못해 집안 어른께 여쭤보기도 하고 여러 자료를 참고해야 했습니다. 비류잉 선생의 어머니가 했던 생전 장례식처럼, 죽음에 대한 논의가 좀더 활발해지면 장례 문화도 자연스레 바뀔 것 같습니다. 미래에는 어떤 장례를 치르게 될지 한편으로 기대도 됩니다.

저자와 같은 상황이 된다면 여러분은 어떤 선택을 하시겠습니까? 어머니의 마지막 소원을 전적으로 들어드릴 수 있을까요? 저는 머리로는 그 일이 맞는다고 생각할지라도 과연 의연히 받아들이고 묵묵히 응원하며 도와줄 수 있을지 잘 모르겠습니다. 그렇지만 우리는 삶의 형식과 마찬가지로 임종기에 죽음의 형식도 스스로 결정할 수 있는 주체적인 존재입니다. 존엄을 지키기 위해 사랑하는 가족이 그런 결정을 했을 때 존중하고 받아들이는 일도 사랑의 한 형태일 것입니다. '손을 놓을 줄 아는 것이야말로 사랑의 가장 큰 경지다'라는 저자의 말처럼요. 물론 성급히 도입할 수 없는 중대한 일입니다. 반대하는 이들이 우려하는 점도 이해가 갑니다. 다른 나라의 사례를 참고하고 연구해 점진적으로 확대해야 할 겁니다. 그러기 위해서는 먼저 대중의 많은 관심과 논의가 전제돼야 하겠지요. 대한민국 국민으로서 내가 여의치 못한 고통스러운 상황에 처했을 때, 마지막 인간다운 마무리를 할 수 있는 선택지가 있었으면 좋겠습니다.

『단식 존엄사』에서 가족의 사랑이 꾹꾹 묻어나 한국어로 옮기는 내내 마음이 따뜻했습니다. 책을 다 읽은 후에 여러분도 어머니를 향한 가족의 사랑에 마음이 아릿하고 따뜻해졌으면 좋겠습니다. 이 책이 한국 독자에게도 유의미한 생각을 해볼 기회가 되기를, 존엄한 죽음에 대해 진지하게 고민하는 시작점이 되기를 바랍니다.

2024년 6월 밴쿠버의 한 카페에서

옮긴이 채안나

옮긴이의 말

단식 존엄사

1판 1쇄 2024년 7월 19일
1판 2쇄 2024년 8월 9일

지은이 비류잉 옮긴이 채안나
펴낸이 강성민 편집장 이은혜 편집 김유나
마케팅 정민호 박치우 한민아 이민경 박진희 정유선 황승현
브랜딩 함유지 함근아 고보미 박민재 김희숙 박다솔 조다현 정승민 배진성
제작 강신은 김동욱 이순호

펴낸곳 (주)글항아리 출판등록 2009년 1월 19일 제406-2009-000002호

주소 경기도 파주시 심학산로 10 3층
전자우편 bookpot@hanmail.net
전화번호 031-955-2689(마케팅) 031-941-5161(편집부)

ISBN 979-11-6909-275-3 03300

www.geulhangari.com